WISSENSCHAFTLICHE BEITRÄGE AUS DEM TECTUM VERLAG

Reihe Politikwissenschaften

WISSENSCHAFTLICHE BEITRÄGE
AUS DEM TECTUM VERLAG

Reihe Politikwissenschaften

Band 34

Philipp Hofmann

Empire Europe?

Die EU im Licht neuer Imperiumstheorien

Tectum Verlag

Philipp Hofmann

Empire Europe?
Die EU im Licht neuer Imperiumstheorien

Wissenschaftliche Beiträge aus dem Tectum Verlag:
Reihe: Politikwissenschaften; Bd. 34

ISBN: 978-3-8288-2423-2

ISSN: 1861-7840

Umschlagabbildung: © Schmuttel | pixelio.de

© Tectum Verlag Marburg, 2010

Besuchen Sie uns im Internet
www.tectum-verlag.de

Bibliografische Informationen der Deutschen Nationalbibliothek
Die Deutsche Nationalbibliothek verzeichnet diese Publikation in der
Deutschen Nationalbibliografie; detaillierte bibliografische Angaben
sind im Internet über http://dnb.ddb.de abrufbar.

Inhaltsverzeichnis

1. Einleitung

1.1 Wandel in der internationalen Ordnung

Das Ende des Ost-West-Konflikts markierte eine tiefe Zäsur des internationalen politischen Systems. Die Revolutionen in Europa vom Herbst 1989, die ökonomische Kapitulation des real existierenden Sozialismus und der Zusammenbruch des Ostblocks waren Kulminationspunkte des einsetzenden Wandlungsprozesses. Spätestens mit der Auflösung des Warschauer Paktes und der Sowjetunion gewann die Frage nach der neuen internationalen Weltordnung dramatisch an Aktualität. Eine Antwort gab der amerikanische Politologe Francis Fukuyama in seinem Buch „Das Ende der Geschichte". Er stellt darin fest, dass sich der liberale, demokratische Nationalstaat als überlegenes politisches Ordnungsmodell durchgesetzt habe bzw. in der Welt durchsetzen werde. Aus dieser Perspektive ist das Ende des Ost-West-Konflikts als Ende des Kampfes von Ideologien zu betrachten, aus dem sich der Liberalismus aufgrund seiner geringen inneren Widersprüche und seiner überlegenen wirtschaftlichen Performanz als Sieger hervorgetan hat.

Der liberale, demokratische Staat ist für Fukuyama somit nicht nur eine Episode in der politischen Geschichte, sondern zugleich der Endpunkt eines evolutionären Prozesses, eine endgültige Regierungsform (vgl. Fukuyama 1992: 11ff.). Diese Argumentation kann gleichzeitig auch als ein Abgesang auf das politische Ordnungsmodell der Sowjetunion gedeutet werden. Die politische Organisation als großräumiges, autoritär geführtes Imperium mit einer zentral geplanten Ökonomie steht hier als Auslaufmodell der Geschichte da. Die Periode imperial geordneter Räume schien somit beendet zu sein. Im Jahr 1995 konstatiert Eric Hobsbawm: „Das imperiale Zeitalter war zu Ende (…) Dieses Zeitalter ist unwiederbringlich Vergangenheit" (Hobsbawm 1995: 281). Auch in der Folgezeit wurde in politikwissenschaftlichen Arbeiten der Rückgriff auf das Modell des Imperiums als politische Ordnung verzichtet, um die mit der Zäsur einhergehende Dynamik im internationalen System theoretisch zu fassen. Der Fokus der Forschung wurde zunehmend auf die Deskription und Analyse der neuen, schnell wachsenden, transnationalen Interaktionsbeziehungen gelegt, welche unter dem Stichwort Globalisierung firmieren. Diese neuen Netzwerke des wirtschaftlichen, sozialen und kulturellen Austausches stellten das Konzept des souveränen Nationalstaates zunehmend in Frage. So postuliert Elmar Altvater eine „neue Geoökononmie", welche die Nationalstaaten als „Spieler" in der Tradition der realistischen Schule der internationalen Beziehungen zunehmend überflüssig macht (vgl. Altvater 1995: 192ff.). Ulrich Beck hingegen sieht in der Globalisierung den Anfang einer neuen „großen Erzählung" des

Transnationalen, welche die Welt in eine „unvertraute, entterritorialisierte sozialräumliche Ordnung" katapultiert habe, aber trotzdem „Regierungsmöglichkeiten jenseits des Nationalstaates" biete (vgl. Beck 1998: 10-11). Der Staat verliert seine gestaltende und ordnende Kraft, die transnationalen Verflechtungen in internationalen Regimen, Institutionen und Konzernen erfahren eine politische Aufwertung. Aus der Weltordnung des bipolaren Systemkonflikts wurde die Weltunordnung der Globalisierung.

1.2 Die Entwicklung der Europäischen Union nach dem Ost-West-Konflikt

In der realen Politik war Europa besonders stark von der Dynamik des Umbruchs im internationalen System betroffen. Der Wegfall des „Eisernen Vorhangs" konfrontierte den vorher geteilten Kontinent mit der Aufgabe, eine politische Ordnung zu schaffen, die den bisher stabilen Zustand der Blockkonfrontation abzulösen vermochte. In der Europäischen Gemeinschaft setzte die Frage der deutschen Wiedervereinigung diese Aufgabe auf die Agenda. Um neue Hegemonialbestrebungen Deutschlands auszuschließen, wurde eine Vertiefung der Integration auf politischer, wirtschaftlicher und institutioneller Ebene zur Bedingung der deutschen Einigung gemacht. Parallel stellte sich die Herausforderung, die neuen Staaten Osteuropas möglichst schnell in eine neue europäische Ordnung einzufügen bzw. an die westliche EG heranzuführen. Zu diesem Zweck wurden zahlreich Formen von Hilfs-, Kooperations- und Transformationsabkommen zwischen Ost und West ins Leben gerufen. Auch für diese Aufgabe war die Weiterentwicklung der Integrationsbemühungen in der EG unabdingbar. In der folgenden Zeit prägten die neuen Herausforderungen und Reformbemühungen die Politik in Europa. Der qualitative Sprung der Integrationsdynamik wird in den schnell aufeinanderfolgenden Vertragsrevisionen von Maastricht (1992), Amsterdam (1997), Nizza (2000) sowie Lissabon (2009) deutlich. Der Wandel des internationalen Systems wirkte hierbei als Katalysator für viele, bereits zuvor angedachte, europäische Integrationsprojekte. Diese Projekte zielten erstens auf eine Vertiefung der Integration, zweitens auf eine Ausweitung der europäischen Kompetenzen bzw. der europäischen Zusammenarbeit und drittens auf die Erweiterung der europäischen Ordnung auf Osteuropa. Das Prinzip, die Beziehungen der europäischen Staaten durch eine zunehmende Wirtschaftsverflechtung zu integrieren, wurde mit der Zusammenarbeit auf Feldern genuiner politischer Souveränität des Nationalstaats erweitert. Die Europäische Gemeinschaft wandelte sich zudem in der Benennung zur Europäischen Union. Mit der Norderweiterung (1995), der Osterweiterung (2004) sowie dem Beitritt von Rumänien und Bulgarien (2007) hat sich die Anzahl der EU-Länder von 12 auf 27 Mitglieder mehr als verdoppelt (vgl. Brunn 2005: 254ff.).

Zusammenfassend kann festgehalten werden, dass 20 Jahre nach der tiefen Zäsur in Europa und der Welt die politische Ordnung in Europa maßgeblich durch die EU geprägt worden ist. Doch die Widersprüchlichkeit des Ordnungsmodells EU ist hoch. Einerseits fördert die EU die Transformation Osteuropas zu liberalen, demokratischen Staaten, andererseits entzieht sie ihnen gleich wieder die neu gewonnene Souveränität und Mitbestimmungsrechte des Bürgers. Sie treibt den Prozess der Globalisierung durch Abbau von Grenzen voran und schafft es gleichzeitig, die Kompetenzen und Reichweite ihrer Politik zu steigern. Sie erscheint einerseits als Befehlsempfänger nationaler Regierungen oder umgekehrt als eigentlicher Träger der politischen Souveränität in Europa. Es ist wenig verwunderlich, dass die politikwissenschaftliche Debatte bisher weder einen Konsens über den Charakter der Ordnung, welche die EU begründet, noch über die Einordnung der EU in das internationale System erzielt hat. Verschiedene Theorien, Konzeptionen und Denkmodelle versuchen in stetiger Konkurrenz einen analytischen Zugang zum Gebilde EU zu ermöglichen (vgl. bspw. Grimmel/ Jakobeit 2009).

1.3 Exkurs: Die Renaissance des Imperiums als politische Ordnung

Eine vollkommen neue Perspektive, die sich der klassischen Integrations- und Ordnungsdebatte entzieht und mit einem eigenen Ordnungsmodell für die Welt und Europa aufwartet, bietet das Buch „Empire" von Michael Hardt und Antonio Negri, welches im Jahr 2000 erschien. Die beiden Autoren beschreiben die globalisierte Welt in ihrer gesellschaftlichen und politischen Totalität als globales Empire, welches eine neue globale Souveränität begründe: Staaten haben darin ihre zentrale politische Rolle eingebüßt. Weltmärkte lösen die Kategorien Innen und Außen auf. Souveränität kann somit nicht mehr nach einem Territorium und dessen Verhältnis zur Außenwelt bestimmt werden. Die neue Souveränität konstituiert sich stattdessen über eine gemeinsame globale Herrschaftslogik. Es existiert also kein zentrales Trägersubjekt der Souveränität mehr, sondern viele in ihrer Herrschaft geeinte nationale sowie supranationale Organisationen und Institutionen. Die begründete Herrschaft kennt keine Schranken. Grenzen hören auf zu existieren. Die Organisation des Empire ist dezentral und deterritorialisiert. „Es residiert in einem weltweiten Kontext, der es fortwährend zu neuem Leben erweckt" (Hardt/Negri 2002: 193). Kernbestand der Herrschaft im Empire ist einerseits die Konstituierung eines supranational legitimen Rechts und andererseits die „biopolitische Produktion" einer Kontrollgesellschaft.

Das supranationale Rechtsparadigma des Empire verallgemeinert und verbindet Normen und Moral zu universellen Werten, welche die bisherigen Rechtsordnungen überlagern und ersetzen. Die globale Rechtseinheit ermöglicht den imperialen Frieden, denn ohne ein „Außen", ohne einen anderen Rechtssouverän gibt es keinen Feind, der zu bekämpfen wäre. Krieg und Gewaltaktionen sind herabgestuft auf Polizeiaktionen. Im Konfliktfall ist die gewaltsame Intervention des Empire von mindestens einer Konfliktpartei erbeten. Das Empire formt sich also „nicht auf der Grundlage von Gewalt, sondern auf der Fähigkeit, den Einsatz von Gewalt als im Dienst des Rechts und des Friedens stehend darzustellen" (Hardt/Negri 2002: 31). Als Beispiel für die Entstehung und Durchsetzung des supranationalen Rechts im Empire werden die Vereinten Nationen und die von ihr beschlossenen Militäreinsätze in den 1990er Jahren angeführt. Auf der Ebene des Individuums manifestiert sich die Herrschaft des Empire in Form von „Biomacht", welche Hardt und Negri von Foucault entlehnen. Hierbei wird auf die Internalisierung und Normalisierung von kapitalistischen Logiken bzw. kapitalistischer Disziplinierung in die gesellschaftliche Praxis hingewiesen. Die Herrschaft verlagert sich direkt in das Subjekt und in alle Vorgänge des gesellschaftlichen Lebens. Transnationale Konzerne schaffen die notwendige Struktur und Verflechtung für den „globalen biopolitischen Apparat" des Empire (vgl. ebenda 2002: 45-54).

Auf der Makroebene wandelt sich die Rolle des Staates und seiner Regierungen dramatisch. Die politische Souveränität des Staates ist gebrochen. Es wird zwar eingeräumt, dass z.B. die USA im Empire eine herausgehobene Stellung einnehmen, weil sie erstens mit ihren Verfassungsgrundsätzen die Vorlage des neuen imperialen Rechts und zweitens die militärischen Kapazitäten zur Durchsetzung derselben liefern. Trotzdem sind die USA nur Agent der imperialen Herrschaft, nicht Motor oder Zentrum (vgl. ebenda 2002: 192-194). Regierungen verlieren durch die imperiale Überlagerung ihre angestammten Möglichkeiten zur Herrschaftsausübung und politischen Gestaltung. Konnten sie vorher als „kohärentes soziales Dispositiv" Konflikte in der Gesellschaft integrieren, ist diese Möglichkeit nun durch die Grenzenlosigkeit verloren. Regierungshandeln wirkt nun als „Dispositiv zur Streuung und Differenzierung", um Konflikte zu kontrollieren (vgl. Hardt/Negri 2002: 348-50).

Fasst man die Herrschaftsordnung, die das „Empire" postuliert, zusammen, erkennt man eine Art Superstruktur, welche die Herrschaft und Organisation über die menschliche Gesellschaft bestimmt. Die scheinbare Unordnung der Globalisierung weicht in Hardt und Negris Werk der „unsichtbaren und indirekten" Hierarchie des Empire. Normatives Ziel der beiden Autoren ist ein Aufruf zum Kampf gegen die neue Souveränität des Empire. Dieser Kampf soll aus dem Inneren des Empire von der Multitude, „der vielgestaltigen Menge produktiver, kreativer Subjektivitäten in der Globalisierung" geführt werden (ebenda 2002: 73).

Nach der Veröffentlichung von „Empire" wurde das Buch weltweit rezipiert und diskutiert. Kritik wurde an der analytisch ungenauen und teilweise widersprüchlichen Konstruktion des Empire laut, insbesondere dass das Empire nicht in Form hegemonialer Mächte oder Akteure zu verorten sei (vgl. bspw. Buckel/Wissel 2001: 1-3). Diese analytische Unschärfe ist der normativen Stoßrichtung des Werkes geschuldet. Empire ist die Konstruktion des Gegners für die Multitude und nähert sich dem Gegenstand Weltordnung konsequent aus diesem Blickwinkel. Deswegen lässt sich „Empire" schwer als analytisches Konzept in der vorliegenden Analyse nutzbar machen. Trotzdem nehmen Hardt und Negri eine wichtige Scharnierfunktion für die politische Theorie ein. Sie interpretieren das Chaos der Globalisierung neu und stellen eine neue Verbindung her zu dem bereits abgeschriebenen Modell einer imperialen Ordnung im internationalen System.

1.4 Die neuen Imperiumstheorien und die EU

Viele Autoren griffen diese theoretische Modellierung der Weltordnung als Imperium auf. Besonders die USA rückten nach den Ereignissen in New York vom 11.09.2001 und den folgenden Militärinterventionen in Afghanistan und im Irak ins Zentrum der Diskussion über Imperien (vgl. bspw. Speck/Sznaider 2003 oder Panitch 2004). Aber auch die Europäische Union wurde immer öfter theoretisch als regionales Imperium gefasst und analysiert, obwohl diese Perspektive stark von den bisherigen Ansätzen der Integrationsdebatte abweicht. Anhänger dieses neuen theoretischen Zugangs zur EU finden sich nicht nur in der (Politik-)Wissenschaft. Auch zentrale Akteure der EU, wie der EU-Kommissionspräsident José Manuel Barroso, bescheinigen der EU „Dimensionen eines Imperiums" (vgl. Die Welt 2007). Aus diesem Grund scheint es geboten, die Anwendbarkeit der neuen Imperiumstheorien auf die EU hinsichtlich der institutionellen und politischen Prämissen zu beleuchten.

Die vorliegende Analyse hat das Ziel zu prüfen, ob das Imperium ein angemessener Deskriptions- und Analyserahmen für die Politik der EU ist. Zuerst sollen hierzu vier zentrale Konzeptionen knapp vorgestellt werden, welche die EU als Imperium modellieren bzw. ihr Anleihen an eine imperiale Ordnung empfehlen. Danach sollen in einem zweiten Schritt die Herrschafts- und Handlungslogiken im Imperium herausgearbeitet und zu klassischen Staatskonzeptionen abgegrenzt werden. Im Fokus dieser Betrachtung steht die Frage der politischen Handlungskoordination und deren systemischer Verschachtelung im Imperium. Zu diesem Zweck wird die Perspektive der Governance-Forschung auf die Imperiumstheorien eingenommen. Ein zweiter Schwerpunkt soll die Legitimation des neuen Herrschaftsmodells und normative Implikationen für die europäische Ordnung thematisieren. Im Zwischenfazit wird dann geprüft, ob die vier Theorieansätze auf gemeinsame Kerninhalte zu reduzieren sind und ein arbeitsfähiges theoretisches Konzept über imperiales Regieren zu „destillieren" ist. Im dritten Schritt wird dieses Konzept, oder falls keine gemeinsame Theorieposition zu gewinnen ist, eine „neue Imperiumstheorie" aufgegriffen und mit dem politischen System der EU sowie der politischen Praxis in einem ausgewählten Politikfeld verglichen. Im Fokus sollen dabei die Entwicklung des zentralen europäischen Politikbereichs, der Wirtschafts- und Währungsunion sowie der zukünftige Entscheidungsmodus im Rat der EU stehen. Das abschließende Fazit wird die Ergebnisse der Untersuchung zusammenfassen und bewerten.

1.5 Methodische Anmerkungen - Governance als Analyseperspektive

Der Governance-Begriff findet in vielen wissenschaftlichen Disziplinen, teilweise mit verschiedenen Bedeutungsinhalten, Verwendung. Eine einheitliche Definition ist somit schwer möglich. Als gemeinsamer Kerninhalt von Governance können aber die Zurückdrängung staatlicher Hierarchie als Steuerungsmuster und die neue Relevanz privater und substaatlicher Akteure auf die politische Ordnung ausgemacht werden (vgl. Kjaer 2004: 1-6). In der Politikwissenschaft verweist Governance auf „Formen und Mechanismen der Koordinierung zwischen mehr oder weniger autonomen Akteuren, deren Handlungen interdependent sind (Benz 2007: 9). Die Governance-Perspektive ermöglicht somit eine Erweiterung des politischen Steuerungsbegriffs auf politische Prozesse, die außerhalb hierarchischer Strukturen im Kernbereich des Staates ablaufen. Eine mögliche analytische Unterscheidung der Steuerungs- und Koordinationsmodi ist die Unterteilung in prozessorientierte und strukturorientierte Komponenten von Governance. Verschiedene Akteure interagieren wechselseitig in einem ständigen Koordinationsprozess mit dem Ziel, sich gegenseitig zu beeinflussen bzw. Verhaltensänderungen der anderen Akteure herbeizuführen. Diese Prozesse verlaufen allerdings nicht unabhängig voneinander, sondern sind eingebettet in ein System von Regelungsstrukturen. Diese Strukturen institutionalisieren Arenen für die Koordinationsprozesse, sie reglementieren die zur Verfügung stehenden Optionen und sanktionieren oder alimentieren bestimmte Akteure. Es besteht somit ein komplementäres Verhältnis der Struktur- und Prozesskomponente. Die Struktur begünstigt bestimmte Interaktionsmuster, allerdings ohne sie zu determinieren. Es ist zudem möglich, dass die verschiedenen Akteure ihre Handlungen auf die Regelungsstrukturen selbst richten, um diese zu verändern (vgl. Börzel 2006: 2ff.). Die Governance-Forschung identifiziert verschiedene Mechanismen und Formen der Koordination, welche in Regelungsstrukturen institutionalisiert sind oder sich im Prozess ausbilden. Ausgehend von der Transaktionskostenökonomie von O. E. Williamson wurde in frühen Arbeiten zwischen hierarchischer Koordination, z.B. in Bürokratien und dezentraler Koordination, z.B. im Markt, unterschieden. Die politikwissenschaftliche Erweiterung erfolgte mit analytischen Arbeiten über weitere soziale und politische Ordnungen sowie Interaktionsformen. Die vorliegende Arbeit greift auf Williamsons Unterscheidung zurück sowie auf eine Typologie von Governance-Mechanismen und -Formen, welche dem „Handbuch Governance" von Arthur Benz u.a. entnommen ist (vgl. Benz 2007: 29-157). Diese Typologie unterscheidet neun verschiedene Formen und Mechanismen, nämlich Markt, Hierarchie, Politischer Wettbewerb, Gemeinschaft, Verhandlung, Netzwerk, Pfadabhängigkeit, Policy-Transfer und -Diffusion sowie Transformation. In Tabelle 1 (siehe Anhang) werden die zentralen Merkmale dieser Kategorien dargestellt. Die Typologie bietet eine kleinteilige Unterteilung verschiedener Mechanismen, die zur Beschreibung komplexer politischer Systeme geeignet erscheint. Aus der kategorialen Darstellung wird jedenfalls ersichtlich, dass alle aufgeführten Mechanismen idealtypisch dargestellt sind. In der Realität sind sie selten in Reinform zu identifizieren. Der Großteil der Governance-Formen ist mit weiteren Mechanismen vermischt, verschachtelt oder in sie eingebettet. Diese Kombinationen, Überlappungen oder auch Konkurrenzen verschiedener Interaktionsmodi bilden im Staat und darüber hinaus ein Netzwerk aus vertikalen und horizontalen Verflechtungen bzw. politischen Interaktionsbeziehungen (vgl. Mayntz 2007: 68ff.). Entscheidende Entwicklungen sowie Erweiterungen in der Governance-Forschung entstanden in der Beschäftigung mit dem politischen System der EU. In der Auseinandersetzung entstand das Konzept der Multi-Level-Governance oder des Regierens im Mehrebenensystem.

Für die EU wird hier auf der Strukturebene eine starke vertikale und horizontale Segmentierung politischer Kompetenzen im Mehrebenensystem festgestellt. Die politische Autorität wird zwischen mindestens zwei Akteuren in unterschiedlichen institutionellen Arrangements geteilt. Durch die Verflechtungsbeziehungen ist die Aufteilung von Befugnissen nach dem Subsidiaritätsprinzip, in Abgrenzung zum Föderalismus, stark eingeschränkt. Auf der Akteursebene gibt es kein strenges Verhältnis der Unterordnung zu den unteren Ebenen, die mit ausgeprägten Teilhabe- und Mitbestimmungsrechten ausgestattet sind. Im Gegensatz zum Intergouvernementalismus ergibt sich somit eine Interdependenz im Netzwerk, die aufgrund des Abstimmungs- und Kooperationsbedarfs zur Verhandlung zwischen den Ebenen zwingt. Nicht nur staatliche Akteure unterschiedlicher Länder agieren in diesem System, sondern auch gesellschaftliche, ökonomische sowie die supranationalen EU-Institutionen. Entscheidungen, insbesondere solche über die Allokation von Befugnissen, werden als Nullsummenspiel modelliert. Es können also klare Gewinner und Verlierer zwischen Staaten, privaten Akteuren und der supranationalen Ebene ausgemacht werden. Zusammengefasst bedeutet Multi-Level -Governance das nicht-hierarchische Regieren im Netzwerk unter Einbindung einer Vielzahl von Akteuren (vgl. Knodt/ Große Hüttmann 2005: 223-233).

Im Rahmen dieser Analyse dient die Governance-Perspektive als Hilfsmittel zum Vergleich der Imperiumstheorien untereinander und mit der EU. Dieses Vorgehen scheint aus mehreren Gründen geboten. Erstens entwickeln die vier betrachteten Theorien eigens definierte Begriffe und Semantiken. Der fruchtbare Vergleich erfordert deshalb den Transfer in eine gemeinsame „Begriffswelt". Zweitens liegt der Fokus der Governance-Forschung auf den Strukturen und Prozessen zur politischen Handlungskoordination sowie dem Wandel der Akteurskonstellation in diesen Strukturen, welche im Rahmen dieser Analyse verglichen werden sollen. Drittens liegt für die EU mit dem „Multi-Level-Governance"-Ansatz bereits ein detailliertes Modell aus dieser Perspektive vor und muss nicht zusätzlich entwickelt werden. Der angestrebte Vergleich erfolgt in zwei Schritten. Die Governance-Strukturen, welche imperiale Herrschaft charakterisieren, sollen zuerst identifiziert und dargestellt werden. In einem zweiten Schritt wird dann die Kompatibilität der Governance im Imperium zur Multi-Level-Governance in der EU überprüft.

2. Die neuen Imperiumstheorien

In viele wissenschaftliche Arbeiten hat der Begriff „Imperium", „Empire" oder „liberaler Imperialismus" in Verbindung mit der EU bereits Eingang gefunden. Es wird hier nicht angestrebt, sie in ihrer Breite und Vielfalt vollständig darzustellen. Vielmehr sollen vier häufig zitierte Ansätze vorgestellt werden, die jeweils einen eigenen kohärenten Imperiumsbegriff entwerfen. Das politische System der EU bzw. die politische Herrschaft in Europa wird jeweils als eigenes theoretisches Konstrukt in der Form eines neuartigen Imperiums modelliert oder zumindest eine stärkere Orientierung hin zu einer imperialen Herrschaftsordnung für die Zukunft empfohlen. Der Fokus der Betrachtung liegt zunächst bei der jeweiligen Ableitung des Imperiums aus einer spezifischen Fragestellung und der Deskription modellrelevanter Begriffe. Die konstituierte Herrschaftsordnung und abgeleitete Handlungslogiken oder Governance-Modi werden danach komparativ in Gliederungspunkt 3 diskutiert. Es soll aufgezeigt werden, dass alle vier Konzeptionen teils zu sehr ähnlichen und teils zu gegenteiligen Ergebnissen über die europäische Ordnung und zugehörigen politischen Herausforderungen kommen. Vereint sind alle Ansätze über die gemeinsame Begriffsverwendung „Imperium".

2.1 Das „postmoderne" Imperium von Robert Cooper

Der Diplomat Robert Cooper galt als einer der wichtigsten Berater des britischen Premiers Tony Blair in außen- und sicherheitspolitischen Fragen. Im Jahr 2002 wechselte er vom Foreign Office als Generaldirektor für auswärtige und politisch-militärische Angelegenheiten in das Generalsekretariat des Rats der Europäischen Union. In seiner Monografie „The Breaking of Nations" und weiteren Artikeln diskutiert er Perspektiven der Sicherheitspolitik sowie der Weltordnung im 21. Jahrhundert aus europäischer Perspektive. Er ist einer der ersten Vertreter der EU, der ein neues Konzept imperialer Politik für die EU in den Diskurs eingebracht und vertreten hat. Am Anfang dieser Überlegungen steht auch bei Cooper die Zäsur des internationalen Systems 1989/90. Mit dem Ende der Dominanz der zwei Supermächte zerfällt die internationale Ordnung nach seiner Theorie in drei verschiedene Ordnungsprinzipien, die er als vor-modern, modern und post-modern bezeichnet (vgl. Cooper 2003: 15ff.). Seine zentrale Fragestellung zielt auf die politische Herstellung von (physischer) Sicherheit, welche das zentrale Unterscheidungsmerkmal der drei Ordnungen ist.

2.1.1 Zerfall der Weltordnung

Die vor-moderne Welt umfasst Territorien ohne oder mit nur schwacher staatlicher Souveränität, in denen kein hegemonialer Akteur die staatlichen Funktionen wahrnimmt. Es existiert kein legitimes Gewaltmonopol. Private Akteure üben mittels Gewalt oder Gewaltandrohung die politische Herrschaft aus, sie konkurrieren mit staatlichen Reststrukturen und übernehmen die sonst originären Staatsaufgaben. Aufgrund dieses Mangels an Staatlichkeit geht von der Vormoderne eine permanente Bedrohung in ihre Umgebung aus. Drogenhandel, organisierte Kriminalität und Terrorismus finden hier ihre Ausgangsbasis. Coopers Konzept der Vormoderne orientiert sich somit implizit stark am politikwissenschaftlichen Konzept der gescheiterten Staatlichkeit. Einen anhand empirischer Kriterien erstellten Überblick, welche Länder der Vormoderne angehören, kann z.b. der Failed-States-Index geben (vgl. The Fund for Peace 2009).

Das zweite Ordnungsprinzip der Moderne ist definiert über souveräne Nationalstaaten mit legitimem Gewaltmonopol. Es entspricht der Sicht der realistischen Schule in den internationalen Beziehungen. Die staatliche Politik ist in innere und äußere Angelegenheiten getrennt, zwischen den Staaten herrscht ein striktes Nichteinmischungsprinzip in innere Angelegenheiten. Militärische und ökonomische Stärke sind staatliche Kernziele, um Sicherheit herzustellen. Macht, Staatsräson und Interessenverfolgung bestimmen die internationale Ordnung. Im internationalen System herrscht Anarchie, weil es keinen höheren Souverän als den Staat gibt. Aus diesem Grund ordnen sich die Staaten nach ihrer Stärke und bilden ein System der Machtbalance. Hierin sieht Cooper das zentrale Problem der Moderne. Das staatliche Streben nach Stärke destabilisiert die Machtbalance auf internationaler Ebene. Selbst friedfertige Staaten müssen auf die Gefahr der wachsenden Überlegenheit eines mächtigen Staates reagieren. Im Ergebnis ist das internationale System in der Moderne sehr fragil. Zahlreiche zwischenstaatliche Auseinandersetzungen zur Verschiebung oder Wiederherstellung der Machtbalance verursachen den Konfliktreichtum der Moderne. Als Beleg führt Cooper die zahlreichen Auseinandersetzungen im europäischen Staatensystem zwischen dem Westfälischen Frieden 1648 und dem Ende des Zweiten Weltkriegs 1945 an (vgl. Cooper 2003: 21-26.). In der heutigen Welt nehmen die USA, als mit Abstand größte Militärmacht, eine fragile hegemoniale Stellung für die nicht atomar gerüstete Staatenwelt ein. Sie teilt die Werte der Post-Moderne und nimmt deshalb eine sicherheitspolitische Wächterfunktion für die post-moderne Staatenwelt ein (vgl. Cooper 2003: 45).

Die post-moderne Welt konstituiert sich aus der Negation zentraler Prinzipien der Herstellung von Sicherheit in der Moderne. Post-moderne

Staaten rücken vom Prinzip der Machtbalance, der strikten Trennung von Innen- bzw. Außenpolitik, dem Nichteinmischungsprinzip sowie der vollständigen staatlichen Souveränität ab. An die Stelle tritt ein neues Sicherheitsparadigma: die freiwillige, wechselseitige Selbstbeschneidung der staatlichen Souveränität unter den „postmodernen" Staaten (vgl. Cooper 2002: 2). Sicherheit beruht nun auf Offenheit, Transparenz und gegenseitiger Verwundbarkeit. Vertrauensbildende Maßnahmen, die Limitation sowie transparente Kontrolle von Waffen können ein möglicher Anfangspunkt für post-moderne Sicherheit sein. Eine starke Vernetzung der Politik sowie die Errichtung supranationaler Institutionen und einer supranationalen Gerichtsbarkeit sind notwendige Voraussetzungen für ihre weitere Entwicklung. Entscheidend für die Etablierung des neuen Sicherheitsparadigmas ist die Einführung des Prinzips der gegenseitigen Einmischung. Dieses Prinzip ermöglicht die legitime Basis für zwischenstaatliche und transnationale Kooperation unter Ausschließung von Gewalt und der Beachtung gemeinsamer Verhaltensregeln. Die gewaltsame Auseinandersetzung zwischen Staaten ist somit für die post-modernen Staaten ausgeschlossen. Staatsgrenzen verlieren damit drastisch an Relevanz. Konflikte sind reduziert auf die Formulierung politischer Ziele, die Wahl geeigneter Instrumente und die Verteilung der sich ergebenden Lasten. Sie werden kooperativ, oft in einem institutionellen Rahmen gelöst (vgl. Cooper 2003: 29-39). Unterstützend wirkt in diesem Zusammenhang besonders die Entfaltung transnationaler Netzwerke der Zivilgesellschaft, die viele Elemente staatlicher, „moderner" Interessenpolitik überflüssig machen. Die zunehmend mobile und transnational vernetzte Bevölkerung dokumentiert zudem eine normative Verschiebung zur Moderne. Kollektive Identitäten wie die Nation oder Klasse verlieren an Bedeutung, der Individualismus wird zum prägenden Identifikationsmerkmal der „Postmoderne" (vgl. ebenda 2003: 53). Mit dem Wandel der Sicherheitspolitik verändert sich auch das Konzept der Souveränität für post-moderne Staaten. Zwar behält der Staat die Kernaufgabe der Ausübung des Gewaltmonopols und die legislative Kompetenz, verloren geht aber die vollständige territoriale Kontrolle. Auf den ersten Blick erscheint dies als starker Souveränitätsverlust. Allerdings fällt es den post-modernen Staaten wegen wegfallender Sicherheitsbedrohungen erheblich leichter, internationalen Institutionen und Vereinbarungen beizutreten. Diese Fähigkeit kann auch als Stärkung der Souveränität gewertet werden, weil sie direkte und legitime Einflussmöglichkeiten außerhalb der eigenen Grenzen bietet. „For the postmodern state, sovereignty is a seat at the table"(Cooper 2003: 44). Der wohl fundamentalste Eingriff in die Souveränität ist die Einrichtung supranationaler Gerichtsbarkeiten wie des Internationalen Gerichtshofs oder des Gerichtshofs der Europäischen Gemeinschaften. Hinter der Errichtung eines gemeinsamen supranationalen Rechts steht die Anerkennung eines

Sets gemeinsamer normativer Grundregeln, welche für alle „postmodernen" Staaten bedingungslos gelten (ebenda 2003: 31). Ohne Zweifel ist post-moderne Sicherheit ein sehr voraussetzungsreiches Sicherheitsparadigma. Es erfordert, die Einmischung durch andere Staaten als Normalität zu akzeptieren, ein gemeinsames Wertegerüst und die Abgabe von Steuerungs- bzw. Kontrollfähigkeit. Für Cooper ist die EU das bisher am weitesten fortgeschrittene System post-moderner Prägung (vgl. Cooper 2002: 3).

2.1.2 Sicherheitspolitische Konsequenzen – Das „postmoderne" EU-Imperium

In der Realität ist die zu analytischen Zwecken erzeugte Isolierung der drei sicherheitspolitischen Ordnungen natürlich nicht existent. Sicherheitsbedrohungen sind somit nur innerhalb des post-modernen Systems abgeschafft, aber nicht von außerhalb. Aus dieser Perspektive sind die Vor-Moderne und die Moderne vor allem als Bedrohungsszenario zu begreifen. „Failed States" bedrohen durch Export von Kriminalität, Drogen- und Menschenhandel sowie Terrorismus. Moderne Staaten gefährden durch Aufrüstung die militärische Selbstbeschränkung und Limitation im post-modernen System. Besonders die Proliferation von Massenvernichtungswaffen erzeugt einen „Imperativ der Sicherheit" (Cooper 2003: 65). Wie kann sich die post-moderne EU vor diesen Bedrohungen schützen? Ob die USA ihre Wächterrolle für Europa auch in Zukunft wahrnehmen wollen und können, ist nicht sicher. Die historische Antwort der europäischen Nationalstaaten war der europäische Kolonialimperialismus. Eine solche „Lösung" ist mit den post-modernen Werten aber nicht vereinbar und wird deshalb strikt abgelehnt (vgl. Cooper 2002: 3). Die neue Strategie muss deshalb einerseits dem post-modernen Wertekanon wahren und andererseits den Bedrohungen effektiv begegnen. Hierzu schlägt Cooper der EU vor, ihr post-modernes System als neuartiges Imperium zu verstehen und zu diesem Zweck die sicherheitspolitische Außendimension der EU-Politik auszubauen (Cooper 2003: 70). Die „postmoderne", imperiale Politik zeigt sich in zwei Formen des Umgangs mit der Außenwelt, dem „Imperialismus der Nachbarn" und der freiwilligen Einbindung in Institutionen. Nachbar ist in diesem Fall nicht nur räumlich gemeint, sondern um „globalisierte" Bedrohungslagen erweitert. Zum Umgang mit diesen „ungeliebten" Nachbarn wird die Sicherheitspolitik einem „Doppelstandard" unterworfen: Untereinander organisieren die post-modernen Staaten Sicherheit als System, weiterhin offen, transparent und kooperativ. Außerhalb der Post-Moderne wird hingegen weiterhin auf Zwangsmaßnahmen, wie den militärischen Einsatz von Gewalt, zurückgegriffen, solange es die Bedrohungslage nötig macht. Nach einer Intervention ist auch die Übernahme staatlicher Funktionen als Treuhänder unter internationaler Kontrolle zur Stabilisierung der Sicherheitslage angedacht (vgl. Cooper 2002: 4-5). Der „Imperialismus der Nachbarn" betrifft in diesem Sinne vor allem gescheiterte und scheiternde Staaten. Im Umgang mit modernen Staaten äußert sich das zweite imperiale Prinzip. Hierbei setzt das post-moderne System auf die freiwillige, kooperative Einbindung von Staaten in gemeinsame oder internationale Institutionen zum Nutzen aller Beteiligten. Auf diesem Gebiet stellt Cooper für die EU bereits starke imperiale Züge fest. Besonders die EU-Erweiterungen repräsentieren ein sicherheitspolitisches Kernprinzip imperialer Politik: die Erweiterung und Einbindung in das post-moderne System als Antwort auf sicherheitspolitische Bedrohungen.

Zusammengefasst konstituiert sich Robert Coopers „postmodernes" Imperium aufgrund der Verwundbarkeit des post-modernen Systems. Die Neuerungen gegenüber alten Kolonialimperien sind die Wertorientierung, die Präferenz für kooperative, freiwillige Sicherheitslösungen und der eher defensive Charakter.

2.2 Das „postimperiale" Imperium von Herfried Münkler

Herfried Münkler ist Lehrstuhlinhaber für Theorie der Politik am Institut für Sozialwissenschaften an der Humboldt-Universität Berlin. In seinen Arbeiten über imperiale Herrschaft setzt er methodisch auf die hermeneutische Interpretation historischer Imperien im Vergleich, unter analytischem Rückgriff auf die politische Ideengeschichte. Ein weiterer Schwerpunkt ist der Vergleich der Performanz der imperialen Ordnung mit der Staatenordnung. Seine Intentionen sind die Ermittlung von imperialen Strukturelementen und Handlungslogiken sowie die Genese eines eigenen, kategorialen Ordnungsbegriffs Imperium (vgl. ZF Interview 2006: 5). Aus der komparativen Perspektive wird eine Formenvielfalt der Imperien mit jeweiligen historischen Spezifika postuliert. Die Gemeinsamkeit der verschiedenen historischen Fälle sind universelle, imperiale Herrschaftsprinzipien ohne normative Voraussetzungen. Aus diesen Prinzipien soll sich keine rein strukturalistische Erklärung imperialer Herrschaft ergeben, sondern eher Aussagen über zentrale Akteure im Imperium und deren politische Rationalität (vgl. Münkler 2008: 32). Im Folgenden wird Münklers Imperienmodell knapp vorgestellt. Auf eine umfassende Darstellung der verschiedenen Formen des Imperiums in der Weltgeschichte wird hierbei verzichtet. Anschließend werden Spezifika des Modells für Europa sowie des Formwandels in der „postimperialen" Zeit nach 1989 diskutiert.

2.2.1 Imperien als politische Ordnungskategorie

Das zentrale Charakteristikum einer imperialen Ordnung nach Münkler ist das Prinzip der asymmetrischen Herrschaft. Nach diesem Prinzip werden alle anderen politischen Subjekte als untergeordnet und ungleich behandelt. Dies setzt voraus, dass alle anderen politischen Akteure in ihren Fähigkeiten und Kräften weit hinter der Imperialmacht zurückbleiben oder sogar in Abhängigkeit zu ihr stehen (vgl. Münkler 2005: 18). Hierzu gehören die Führungsrolle des Imperiums in Technologie, Naturwissenschaften, Literatur sowie Kultur, die weltwirtschaftliche Rolle als zentraler ökonomischer Pol zur Kontrolle von Handels- und Kapitalströmen und der Besitz überlegener politischer und militärischer Machtressourcen (vgl. ebenda 2005: 54). Folgt man der Kategorisierung von Machtformen nach Michael Mann, so hat das Imperium somit einen breiten Zugriff auf alle vier Quellen von Macht, nämlich ökonomischer, politischer, militärischer und ideologischer Macht. Es ist potenziell in der Lage, auf alle Machtsorten in unterschiedlichen Kombinationen als Herrschaftsmodus zurückzugreifen, auch wenn es sich bewusst für lange Zeiträume auf nur eine bestimmte Kombination der Machtsorten beschränkt (vgl. Mann 1999: 17-21). Räumlich strukturiert sich das Imperium als Zentrum-Peripherie-Modell, welches sich in Zentrum, Subzentren, Semiperipherien und Peripherie untergliedert. Das Zentrum bildet das souveräne Entscheidungszentrum. In Richtung Peripherie nehmen die politische Integrationsdichte, die Partizipationschancen der Bevölkerung sowie der materielle Wohlstand ab. Semizentren und Semiperipherie bilden Zwischenschritte dieser Abstufung. Das Herrschaftsmodell lässt sich also als eine, in Ellipsen abschwächende, Ordnung um das Zentrum verstehen. Alle Beziehungen sind somit als Intervention vom Zentrum in Richtung der Peripherie und nach asymmetrischem Muster strukturiert (vgl. Münkler 2007: 270-273). Prinzipiell lassen sich zwei Formen des Einwirkens des Zentrums auf die Peripherie identifizieren: erstens ein exploitives Verhältnis, wobei die Naturressourcen oder die Bevölkerung der Peripherie ausgebeutet werden; und zweitens ein investives Verhältnis, wobei das Zentrum z.B. ökonomische und technologische Transformationshilfe leistet oder politische Sicherheitsgarantien abgibt (vgl. Münkler 2008: 33). Neben der räumlichen Dimension der Ausdehnung ist auch die Dauerhaftigkeit der Ordnung ein Kriterium imperialer Herrschaft. Es wird betont, dass Imperien mindestens einen Zyklus des Aufstiegs bzw. der Expansion, gefolgt von einem längeren Zyklus der Konsolidierung oder des Niedergangs durchlaufen. Der erste (Expansions-)Zyklus ist von Ausdehnung des Herrschaftsgebiets und der Intensivierung von Austauschbeziehungen geprägt. Allerdings zeigt sich gerade im Handel die mangelnde Reziprozität dieser Beziehungen; Mehrproduktabschöpfung aus der Peripherie oder zumindest systematische Bevorzugung des Zentrums bei den „Terms of Trade" sind die Regel (vgl. Münkler 2007: 276). Trotz dieses für das Zentrum vorteilhaften Austauschverhältnisses ist der Expansionszyklus in seiner Reichweite in den Raum limitiert. Die Ausdehnung in die Weite des Raumes erhöht die Kosten der ökonomischen Einbindung und der militärischen Absicherung. Die Ausbeutung ruft zudem Widerstand in der Peripherie hervor und erhöht wiederum die Kosten der Machtoption der militärischen Kontrolle. An diesem Punkt der drohenden „Überdehnung" des Imperiums steht das Zentrum am Entscheidungspunkt zur nachhaltigen Sicherung des Imperiums. Dabei besteht der Zielkonflikt zwischen der Kostenminimierung der Herrschaft und der Aufrechterhaltung der imperialen Ordnung (vgl. Münkler 2005: 95-96). Die Entscheidung für Reformen zur Konsolidierung des imperialen Raumes in eine geordnete Bestandsausdehnung und deren erfolgreiche Umsetzung bezeichnet Münkler als Überschreiten der „Augusteischen Schwelle". Hinter diesem Begriff verbirgt sich ein grundlegender Wechsel des Integrationsmodus der Peripherie. Er markiert den Übergang vom exploitiven zu einem eher investiven Verhältnis zur Peripherie. Es erfolgt ein Machtsortentausch, weg von militärischer Dominanz und hin zu politisch-kultureller Attraktivität. Das Zentrum ist gezwungen, die Einseitigkeit der Ausbeutung durch symmetrischere Formen des Austauschs zu ersetzen und somit auch Lasten der Stabilisierung in der Peripherie zu tragen (vgl. ebenda 2005: 80; 155). Natürlich ist es auch möglich, dass sich mehrere Expansions- und Konsolidierungszyklen nacheinander abwechseln, und zwar solange es jeweils gelingt, den Integrationsmodus durch Machsortentausch umzustellen. Mit dem erfolgreichen Übergang zwischen den Zyklen demonstriert das Imperium somit die wichtigste Voraussetzung zur Langlebigkeit der konstituierten Ordnung: die Fähigkeit zur Regeneration und zur institutionellen Reform (vgl. Münkler 2008: 36). Der Sinn des Überschreitens der Augusteischen Schwelle liegt weder im gerechteren Umgang mit der Peripherie noch im plötzlichen Wandel zur Zivilmacht. Vielmehr liegt er in der Aufrechterhaltung des asymmetrischen Beziehungsverhältnisses unter sich ändernden Bedingungen, auch wenn dies Kosten für das Zentrum mit sich bringt. Diese Lasten werden in Kauf genommen, weil das Imperium nur als Singularität seine Herrschaftslogik entfalten kann. Es dominiert „seine Welt", es kennt keine gleichberechtigten Akteure bzw. muss deren Aufstieg verhindern. Welt bedeutet in diesem Zusammenhang nicht zwangsläufig eine globale Einflusszone des Imperiums. Die Reichweite imperialer Herrschaft ist eher über die technologischen Fähigkeiten und die Reichweite des Machtanspruchs determiniert. Spätestens das Auftreten eines symmetrischen politischen Akteurs begrenzt die „eigene Welt" (vgl. Münkler 2007: 275). Um die Leitprinzipien der imperialen Herrschaftslogik zusammenzufassen, bietet sich das Begriffspaar imperiale Mission und imperiale Räson an. Die imperiale Mission steht für den Anspruch des Imperiums, ein besonderes politisches Ziel zu verfolgen. Dieses politische Ziel, meist Frieden Stabilität und Wohlstand, dient einerseits als zentrale Legitimationsquelle und andererseits als normative Begründung für die singuläre Stellung des Imperiums. Im Anspruch, dieses Ziel nach außen und innen zu verfolgen, wird die Expansion und Durchdringung peripherer Räume durchgeführt. Imperiale Mission bedeutet in diesem Sinne Selbstauftrag und Selbstbindung an politische Ziele (vgl. Münkler 2008: 35). Der Begriff Räson hingegen benennt das politische und ökonomische Kosten-Nutzen-Kalkül imperialer Herrschaft mit dem Ziel, Wohlstand als auch Stabilität zu erhalten. Einerseits sind auch die Ressourcen und Mittel des Imperiums begrenzt, denn insbesondere die Bevölkerung des Zentrums will ihren Wohlstand konsumieren und möglichst wenig Lasten der Herrschaftsordnung tragen. Andererseits sind Interventionen oder Investitionen in die Peripherie zur Aufrechterhaltung der Ordnung unabdingbar (vgl. ZF Interview 2006: 7). Das Zentrum als Entscheidungs- und Steuerungsinstanz hat die Aufgabe, den inhärenten Zielkonflikt zwischen den Leitprinzipien Räson und Mission in ein ausgewogenes Verhältnis zu setzen, und tut dies als „Manager" der Machtsorten. Die Handlungslogik des Imperiums ist nach diesem Modell also nicht monokausal im Zentrum zu suchen. Viel hängt auch davon ab, vor welche Herausforderungen das Imperium in der Peripherie gestellt wird (vgl. Münkler 2007: 269). Wie lässt sich nach diesem Modell die Entstehung eines Imperiums erklären? Am Anfang dieses Prozesses stehen immer die Verstetigung von größeren ökonomisch-technologischen Asymmetrien und gravierende normativ-politische Divergenzen zwischen potenziellem Zentrum und potenzieller Peripherie. Die Imperienbildung in dieser Situation lässt sich auf zwei Faktoren zurückführen:

Die Push-Faktoren betonen die Macht- und Raumausweitungsinteressen im Zentrum sowie die imperiale Mission als Lösung normativer Konflikte. Die Pull-Faktoren hingegen betonen die wirtschaftlich-zivilisatorische Rückständigkeit sowie „politische Vakuen" in der Peripherie, deren Stabilisierung in der imperialen Räson liegt. Als Motor für den Beginn der imperialen Expansion kann also einerseits Ordnungsverlust in der Peripherie und andererseits das Ende formeller Gleichheit in einer politischen Ordnung bzw. dessen Wahrnehmung als politisches Problem im Zentrum gelten (vgl. Münkler 2008: 30; 38-39).

2.2.2 Imperien im postimperialen Zeitalter und die imperiale Herausforderung Europas

Trotz des Endes der Kolonialimperien und trotz des Zusammenbruchs der Sowjetunion sieht Münkler sein Imperienmodell auch für die Zeit nach 1989 nicht als obsolet an. Vielmehr haben sich die Akzentuierung der imperialen Mission und die spezifische Machtsortenkombination zur Herrschaftsausübung verändert. Verschiedene Einflüsse haben daran ihren Anteil. Die demokratischen Systeme des Westens haben eine spezifische imperiale Mission hervorgebracht, die mit den Stichworten Demokratie, Menschenrechte, Frieden und freier Markt charakterisiert werden kann. Durch die demokratische Öffentlichkeit und deren Reaktionsmöglichkeiten auf politische Entscheidungsträger ist der Verpflichtungsgrad dieser Mission besonders hoch (vgl. Münkler 2005: 146; 229). Gewalt gilt als Mittel der Politik größtenteils delegitimiert, die militärische Kontrolle großer Räume gilt zudem wegen der Kostenintensität als sekundäres Ziel. Der neue Imperiumstyp stützt sich deshalb primär auf die Kontrolle ökonomisch relevanter Ströme wie Kapital, Arbeitskräfte, Dienstleistungen, Waren und Informationen. Zentrale Funktionsimperative sind Wirtschaftsintegration, Kontrolle und Dominanz bei technologischen Innovationen sowie die Durchsetzung des eigenen Wirtschaftsrechts (vgl. Münkler: 2008: 39). Die bedeutet allerdings nicht, dass auf die militärische Komponente der Herrschaft gänzlich verzichtet werden kann. Verantwortlich hierfür sind hauptsächlich neue Pull-Faktoren wie „neue Kriege" sowie Terrorismus, welche eine Ausbreitung des Ordnungszerfalls ausgehend von peripheren Staaten impliziert (vgl. Münkler 2002: 175ff). Hierin sieht Münkler das generelle Dilemma imperialer Herrschaft in der postimperialen Zeit. Der Zielkonflikt zwischen Mission und Räson verschärft sich zusehends. Einerseits herrscht in demokratischen Gesellschaften eine geringe Verlusttoleranz bei militärischen Interventionen sowie einer postheroische Mentalität, was auf eine Selbstbeschränkung im Hinblick auf Stabilisierungsinterventionen und damit die Funktionsimperative der imperialen Räson hinausläuft (vgl. Münkler 2005: 186-187). Andererseits wird die imperiale Mission, insbesondere das Ziel Frieden, angesichts zahlreicher Berichte über Bürgerkrieg oder Hungerkatastrophen durch die Wahlbevölkerung immer stärker auch für die Peripherie eingefordert (vgl. Münkler 2005: 228). In der heutigen Zeit kann es aufgrund des Anspruchs auf Singularität und Asymmetrie gegenüber allen anderen Akteuren eigentlich nur noch ein Imperium geben: Es gibt nur noch eine, globalisierte „Welt". Diese Rolle weist Münkler den USA als militärisch, ökonomisch und politisch potenteste Macht zu (vgl. ZF-Interview 2006: 8). Hat das imperiale Herrschaftsmodell dennoch Relevanz für Europa bzw. die EU? Die Antwort lautet ja, weil die EU zumindest regional vor ähnliche Herausforderungen gestellt ist wie ein Imperium. Erstens sind die europäischen Nachbarn im Süden bis Osten (Maghreb, Balkan, Osteuropa, Kaukasus) politisch weniger stabil und zudem ökonomisch stark unterlegen. Zweitens droht das Zurückfahren von Stabilisierungsleistungen in diesen Regionen durch die Imperialmacht USA. Folgt die EU der imperialen Handlungslogik zum Umgang mit diesen Asymmetrien, so muss sie versuchen, ihre Nachbarn durch Einmischung in Form der Investition und/oder Intervention zu stabilisieren (vgl. Münkler 2005: 246-247). Als vielversprechend werden hierbei die Chancen der EU eingeschätzt, diese Rolle auszufüllen zu können. Die Verbreitung der EU-Mission (Marktwirtschaft und Menschenrechte) steht auch für viele Anrainerstaaten für zivilisatorische Entwicklung und Prosperität, was die Beitrittsgesuche vieler Nachbarn dokumentieren (vgl. Münkler: 2008: 41). Eine ganze Welle neuer Beitritte, wie die der Osterweiterung, wird aber als kostspielige Symmetrisierung der Peripherie abgelehnt. Nur für die Türkei soll die Beitrittsoption aufgrund der besonderen geostrategischen Lage und der Brückenfunktion zur Stabilisierung des Nahen Ostens eröffnet werden (vgl. Münkler 2004: 1462-1464).

Zusammengefasst konstituiert sich Herfried Münklers Imperium auch in der „postimperialen" Zeit aufgrund starker Asymmetrien der politischen Akteure. Herausgehoben wird der Stabilisierungseffekt imperialer Herrschaft bzw. im Fall Europas die drohende Destabilisierung der politischen Ordnung bei Verweigerung der imperialen Rolle. Die imperialen Leitprinzipien Mission und Räson verweisen auf die normativen Ansprüche des Imperiums sowie die inhärenten Funktionslogiken zur Aufrechterhaltung der Ordnung.

2.3 Das „neomittelalterliche" Imperium von Jan Zielonka

Jan Zielonka stammt aus Polen und ist Professor für Europäische Politik an der Universität Oxford und Ralf Dahrendorf Fellow am St. Anthonys College. Er forscht und publiziert hauptsächlich zu Themen der vergleichenden Politikwissenschaft, aber auch der politischen Ideengeschichte und den Internationalen Beziehungen. Inhaltlich beschäftigen sich seine Arbeiten mit der Transformation osteuropäische Länder, insbesondere im Kontext der europäischen Integration.

Die Forschungsfrage seiner jüngsten Arbeiten zielt auf die Veränderungen der Europäischen Union als politische Rahmenordnung durch die Osterweiterung. Des Weiteren nimmt er die daraus resultierenden Implikationen für weitere politische Integrationsschritte in den Blick. Seine Kernannahme besagt, das Integrationsziel in der Europäischen Union sei langfristig der europäische Superstaat westfälischen Typs. Diesem stellt er sein Konzept des „neomittelalterlichen" Imperiums als alternatives Integrations- bzw. Ordnungsparadigma gegenüber. Der Begriff „neomittelalterlich" soll keine generelle Analogie zur politischen Ordnung des Mittelalters implizieren, vielmehr dient er als Heuristik, um den Unterschied in entscheidenden Funktionslogiken, im Vergleich zum Staat als Ordnung, hervorzuheben (vgl. Zielonka 2006: 2-4). Der Beginn dieses „neomittelalterlichen" Paradigmas für Europa wird mit der Aufnahme der sehr unterschiedlichen Staaten Osteuropas in die EU postuliert. Allerdings sind weiterhin Elemente beider Ordnungsparadigmen vorhanden. Es liegt an den folgenden politischen Entscheidungen der EU, welche Ordnungsprinzipien die weitere Integration dominieren (vgl. ebenda 2006: 15). Im Gegensatz zu den bereits vorgestellten Imperiumstheorien knüpft Zielonka explizit an einschlägige Ansätze der Europaforschung an. Aus diesem Grund wird sein Modell nur knapp vorgestellt und die charakteristischen Handlungslogiken in Gliederungspunkt 3 diskutiert.

2.3.1 Genese des „neomittelalterlichen" Imperiums

Die zentralen Charakteristiken zur Beschreibung des „neomittelalterlichen" Paradigmas können in erster Annäherung auf die Schlagwörter Dezentralität des Regierens, Diversität der Ordnungen, Kulturen und Identitäten sowie multiple, überlappende Jurisdiktionen reduziert werden (vgl. ebenda 2006: 12). Inwieweit können der Ordnung der EU diese Charakteristika bereits vor der Osterweiterung zugesprochen werden?

Zielonka argumentiert, dass die Entscheidungs- und Regierungsstrukturen bezüglich der europäischen Politik schon immer durch Polyzentrismus, fehlende Machtbefugnisse und eine vielschichtige Machtausübung gekennzeichnet seien. Dabei verweist er auf die bereits vorgestellten Multi-Level-Governance-Ansätze (vgl. Zielonka 2007a: 295). Auch bei den Außenbeziehungen der EU lässt sich kein kohärent geordnetes Bild erkennen. Sie sind in hohem Maße von den komplexen Beziehungen der einzelnen Mitgliedsstaaten geprägt. Bilaterale Vereinbarungen, „Koalitionen der Willigen" und historisch gewachsene Bindungen deuten eher auf ein dezentrales System hin. Diese Beschreibung wird nicht nur für die EU, sondern nach der Zäsur von 1989 auch für die internationalen Beziehungen insgesamt konstatiert (vgl. Zielonka 2006: 141). Die EU scheint somit weit entfernt von den zentralisierten Strukturen eines klassischen Staates. Mit der Aufnahme der osteuropäischen Staaten in die EU steigt die Diversität des Beziehungsgeflechts nochmals, außerdem nimmt die ökonomische, politische und kulturelle Heterogenität der Gesamtheit der Mitgliedsländer zu. Die Beitrittsländer Osteuropas stehen zudem über verschiedene, historisch bedingte Beziehungen mit anderen postsowjetischen Staaten in Verbindung. Mit diesem Input an Verschiedenheit, so Zielonka, kann funktional nur sehr schwer mit hierarchisierten Strukturen des Staatsparadigmas umgegangen werden (vgl. Zielonka 2007a: 296). Stattdessen schlägt er vor, solle das „neomittelalterliche" Prinzip der Dezentralisierung das staatliche Prinzip der Vereinheitlichung ersetzen. Das „neomittelalterliche" Imperium konstituiert sich aus vielen, auf einer horizontalen Ebene geordneten Regierungszentren, die sich ihre Souveränität teilen. Einzelne Zentren sind schwer voneinander abzugrenzen, die Jurisdiktionen sind über multiple oder überlappende Arrangements miteinander verbunden (vgl. Zielonka 2006: 1-12). Die Rechtssetzung wird eher von „soft law" als „hard law" bestimmt. Statt mit vertikalen Eingriffen wie Umverteilung, Verboten und Sanktionen wird versucht, über Anreize zu steuern (vgl. Zielonka 2007a: 296). Dieser Ordnungskonstellation werden klare Vorteile zum Umgang mit der Diversität zugeschrieben. Durch den Polyzentrismus des Systems ist das Subsidiaritätsprinzip leichter als im Staat umzusetzen. Jede Jurisdiktion kann flexibel die Erwartungen der Bevölkerung in Bezug auf kulturelle Eigenheiten oder Vorlieben erfüllen. Sie muss sich jedoch auch dem Wettbewerb mit den anderen Partnerjurisdiktionen stellen. Dies impliziert einen Leistungswettbewerb untereinander und infolgedessen effektives und legitimes Regierungshandeln (vgl. Zielonka 2006: 69-73).

Aus diesem Betrachtungswinkel ist die neue „Unordnung" des internationalen Systems, gepaart mit dem geringen Zentralisierungsgrad bei den Außenbeziehungen der EU, kein Problem für erfolgreiche Außenpolitik. Vielmehr dokumentieren die EU-Erweiterungsrunden sowie - Beitrittsgesuche, dass der Zugang in das Netzwerk europäischer Zentren trotz konditionaler politischer und ökonomischer Eingriffe attraktiv ist. Das „neomittelalterliche" Imperium kann bei der Expansion auf Eroberung verzichten, es spricht stattdessen Einladungen aus (vgl. Zielonka 2006: 13). Auch die partielle Teilhabe im EU-System ist in dieser Konfiguration problemlos möglich. So ist es benachbarten Staaten durch Import europäischer Regeln und Normen prinzipiell sogar einseitig möglich, Zugang zu bestimmten Funktionsräumen, wie z.B. dem europäischen Binnenmarkt zu erhalten (vgl. Zielonka 2008: 472).

Zusammengefasst konstituiert sich „neomittelalterliche" Imperium aufgrund funktionaler Vorteile im Umgang der steigenden Diversität in der EU. Im Vergleich zwischen „neomittelalterlichem" und Staats-Paradigma verspricht das Imperium sowohl effizientere als auch legitimere Formen der Integration Europas.

2.4 Das „kosmopolitische" Imperium von Edgar Grande Lund Ulrich Beck

Edgar Grande hat einen Lehrstuhl für Vergleichende Politikwissenschaft am Geschwister-Scholl-Institut der Ludwig-Maximilians-Universität München inne. Ulrich Beck ist emeritierter Professor am Institut für Soziologie an derselben Universität, er ist zudem Visiting Professor an der London School of Economics and Political Science. Die beiden Wissenschaftler verstehen ihre Arbeiten zum „kosmopolitischen" Imperium als Vision eines neuen europäischen Integrationskonzepts und zugleich als Anleitung zur Verwirklichung desselben. Das Konzept verbindet die

Anwendung der „Theorie der reflexiven Modernisierung" von Beck mit den empirischen Arbeiten zum europäischen Regieren von Grande (vgl. Beck/Grande 2004: 7-8). Ihre Analyse beginnt mit der Feststellung, dass der Prozess der europäischen Integration, nach einer langen Phase des geräuschlosen Voranschreitens in den letzten beiden Jahrzehnten, vor verschiedene strukturelle Problemlagen gestellt werde:

• Erstens ist der permissive Konsens vorüber, das Demokratiedefizit der EU wird immer stärker thematisiert.

• Zweitens hat die letzte Erweiterungsrunde die sozioökonomischen Unterschiede in der Union sprunghaft erhöht.

• Drittens hinkt Europa im Vergleich zu Amerika und den Schwellenstaaten bei ökonomischem Wachstum, dem Abbau von Arbeitslosigkeit und Innovationskraft hinterher.

• Viertens zeigt sich die EU, z.B. in der Frage um die Teilnahme am Irakkrieg 2003, unfähig zu einer gemeinsamen außenpolitischen Position.

• Fünftens verhindern institutionelle Blockaden zwischen der EU und ihren Mitgliedsstaaten die allgemeine Reformfähigkeit des Systems (vgl. Beck/Grande 2005a: 1083-85).

Verantwortlich für dieses anwachsende Bündel an Problemen wird eine „nationale Ontologie" in Politik und Gesellschaft ausgemacht. Der nationale Blick verursacht eine „deformierte" Perspektive auf Europa und ruft ein generelles Selbstmissverständnis hervor: Europa wird entweder gedacht als unvollendete Nation oder unfertiger Bundesstaat. Ergebnis einer solchen Betrachtung muss immer wieder ein defizitäres Bild sein, ein Nullsummenspiel, bei dem entweder die europäischen Staaten oder die EU verlieren (vgl. Beck 2005: 6-7). Das Anliegen von Beck und Grande in diesem Punkt ist es, einen alternativen Blick und damit Wege aus den strukturellen Blockaden der EU zu eröffnen. Diese Rolle als Korrektiv nimmt Becks Konzept des Kosmopolitismus ein.

2.4.1 Die kosmopolitische Öffnung des nationalen Blickwinkels für Europa

Was ist Kosmopolitismus? Im Sinne Becks und Grandes versteht man unter diesem Schlagwort den methodologischen Bruch mit dem methodologischen Nationalismus. Dessen zentrale Kategorien Staat und Nation beruhen auf einer Entweder-Oder-Logik, die eine konsolidierte, statische und klar abgrenzbare Ordnung ermöglicht. Per Inklusion und Exklusion beseitigt der Staat Unterschiede, ist in der Lage, „nationale" Interessen zu formulieren (vgl. Beck/Grande 2004: 14). Der Kosmopolitismus hingegen zielt darauf, diese „Entweder-Oder-Logik" durch eine

„Sowohl-als-auch-Logik" zu ersetzen. Er postuliert einen anderen gesell-schaftlichen Umgang mit Andersheit. Unterschiede werden positiv be-wertet, nicht vertikal eingeordnet. Zur Maxime wird der Verzicht auf Durchsetzung von Eigeninteressen zur Beseitigung von Unterschieden. Hierbei soll es zu keiner Verabsolutierung von Unterschieden im Sinne blinder Toleranz kommen. Es ist vielmehr der Versuch, Andersartigkeit über einen Bestand universeller Normen gemeinschaftsfähig zu machen bzw. zu regulieren. Kosmopolitismus soll also die widersprüchliche Kombination von Einheit und Vielfalt verträglich machen (vgl. Beck/Grande 2005a: 1086-87). Die Abkehr vom methodologischen Na-tionalismus hin zu einer kosmopolitischen Öffnung ist in Europa aus mehren Gründen möglich und sogar attraktiv:

- Gemeinsam teilt Europa eine grenzübergreifende Erinnerungs-kultur. Die Erfahrung zweier Weltkriege schließt Gewalt als politi-sche Option für die Zukunft nahezu aus. Als Konsequenz der ge-meinsamen Geschichte wurde das nationale Gewaltmonopol in ein gemeinsames Gewalttabu gewandelt, welches die Grundlage für kosmopolitische Kommunikation, die Annahme von Interdepen-denzen sowie einem normativen Grundkonsens ermöglicht (vgl. Beck 2005: 10).

- Europäisierung wird, unter Verweis auf die Kompetenzverteilung, oft als Nullsummenspiel dargestellt. Legt man aber den Fokus auf die Problemlösungsfähigkeit der neu verteilten Entscheidungska-pazitäten, so kann man Europäisierung eher als Positivsummen-spiel bewerten. Mit der Aufgabe eigener Kompetenzen können na-tionale Regierungen im Verbund Europas ihre Interessen weitaus besser verfolgen als alleine (vgl. ebenda: 8).

- Die europäische Integration ist eigentlich nicht als Ordnung zu be-schreiben, sondern eher als permanenter Prozess des Ordnungs-wandels. Diese Prozessdimension bildet das Gegenbild zur stati-schen Ordnung des Staates. Europa setzt auf eine post-hegemoniale Expansionsstrategie anstatt auf eine staatliche Kon-solidierungsstrategie (vgl. Beck/Grande 2004: 14-17).

Die Ausgangslage zur Kosmopolitisierung Europas ist somit positiv. Aber sie erfordert des Weiteren von den Staaten die uneingeschränkte Akzeptanz bestimmter Kernnormen für die europäische Politik. Dazu zählen Toleranz, demokratische Effektivität und Legitimation ebenso wie die Antizipation der Interessen anderer Staaten (vgl. Beck/ Grande ebenda: 25). Gefordert wird vom Staat ein kosmopolitischer Realismus: „die Anerkennung der legitimen Interessen anderer und ihre Einbezie-hung in das eigene Interessenkalkül" (Beck/Grande 2005a: 1088).

2.4.2 Die EU als „kosmopolitisches" Imperium

Nach Beck und Grande lässt sich die EU, in ihrer momentan national de-
formierten Form, als „ein dezentrales, territorial differenziertes, von Eliten dominiertes, transnationales Verhandlungssystem beschreiben"
(Beck/ Grande 2004: 85). Trotzdem weist das Ordnungsmodell der EU
bereits zentrale Elemente einer kosmopolitischen Ordnung auf. Es kombiniert die differenz-toleranten Integrationsprinzipien des Intergouvernementalismus mit denen des Föderalismus. Die Koordinationsmecha-
nismen und -strukturen werden im Anschluss an den Multi-Level-
Governance-Ansatz (vgl. Kap. 1.5) als konsensorientierte, horizontale
Netzwerke beschrieben. Ein wirklicher kosmopolitischer Bruch hin zum
nationalen Paradigma ermöglicht aber erst die Einbettung dieser prozes-
sualen und strukturalen Elemente in eine konstitutionelle Klammer.
Beck und Grande machen hierzu den Vorschlag eines modernisierten,
postimperialen Herrschaftssystems, dem kosmopolitischen Imperium
(vgl. Beck/ Grande 2005b: 398-400). Konstitutionelle Prinzipien dieser
Ordnung sind nationale Grenzauflösung, transnationale Verflechtung,
Freiwilligkeit und die Suche nach dem Mehrwert von Kooperation.
Pfeiler der Herrschaft sind Recht und Konsens. Das Imperium agiert
nach innen und außen offen und kooperativ, es übt keine Dominanz
oder Vorherrschaft aus. Der Integrationsmodus wechselt von der Aufhe-
bung zur Anerkennung von Differenzen (vgl. Beck 2005: 11). Ausdruck
findet die Freiwilligkeit des Integrationscharakters besonders beim politischen Kompetenztransfer. Auf eine höhere, supranationale Ebene werden in der EU nur Entscheidungskompetenzen übertragen, die exekuti-
ven Handlungskapazitäten bleiben weiterhin dezentral organisiert. In
hohem Maße wird dies z.B. im Verbleib des Militärs und der Polizei-
macht in nationaler Hand deutlich. Das Gewalttabu ermöglicht der EU
zu herrschen, ohne über diejenigen verfügen zu können, die über die
Herrschaftsmittel verfügen, um Herrschaft auszuüben (vgl.
Beck/Grande 2004: 118). Räumlich strukturieren Beck und Grande das
„kosmopolitische" Imperium mit Verweis auf Münklers Modell als ra-
diale Abstufungen um einen Herrschaftskern. Die Integration in die
Herrschaftsordnung erfolgt somit auch asymmetrisch, was diesmal aber
funktional nicht im Sinne einer Rangordnung begründet wird. Formale
Ungleichheit ist nötig, um Staaten, die untereinander starke soziöoko-
nomische Heterogenitäten aufweisen, integrieren zu können. Konkret
werden drei Herrschaftszonen vorgeschlagen, die nach der Intensität der
Kooperation abgestuft sind:

- In der inneren Zone ist die tiefste Integration und hohe Kooperati-
  onsbereitschaft zu beobachten, sie entspricht den EU-Staaten, welche den Euro einführen oder im Rahmen des Eurokorps militärisch
  zusammenarbeiten.

- Die zweite Zone umfasst alle 27 EU-Staaten inklusive der supranationalen Zusammenarbeit im Rahmen des EG-Vertrages und die beiden übrigen intergouvernementalen Säulen.

- In der dritten Zone der erweiterten Herrschaft befinden sich EU-Beitrittskandidaten und Länder, die sich an EU-Programmen beteiligen, sowie Kooperationen mit anderen regionalen bzw. internationalen Organisationen.

Die Zugehörigkeit in den inneren Kern begründet sich in erster Linie aufgrund hoher Bereitschaft zur Kooperation sowie der Aufgabe nationaler Souveränität (vgl. Beck/Grande 2005b: 406-12). Auch die institutionelle Basis für eine kosmopolitische Ordnung in Europa wird als bereits weit vorangeschritten beschrieben: Zum einen besitzt die EU eine unabhängige Rechtsordnung, die Vorrang vor den nationalen Rechtsordnungen genießt. Zum anderen existiert mit dem Rat, dem Parlament, der Kommission und dem EuGH ein Ensemble supranationaler Institutionen, welche relativ unabhängig agieren können und mit eigenen Entscheidungskompetenzen ausgestattet sind. Die Machtverschränkung zwischen diesen Institutionen macht die zentrale kosmopolitische Funktionslogik der Konsenssuche zur dominanten Form der Entscheidungsfindung (vgl. Beck/ Grande 2004: 82; 118-119).

Zusammenfassend ist das kosmopolitische Imperium von Beck und Grande eine Herrschaftsordnung des Rechts und Konsenses. Basierend auf einem strengen Gewalttabu wird Interessendifferenz durch Anerkennung und Konsenssuche auf Basis gemeinsamer Normen bearbeitet. Der Mehrwert der entstehenden Kooperationen treibt als Motor die Kosmopolitisierung nach innen und außen voran.

3. Differenz und Einheit in den neuen Imperiumstheorien

Nachdem knapp in die Begrifflichkeiten und Modelle der vier vorgestellten Ansätze eingeführt wurde, sollen nun die eigentlichen Herrschaftslogiken oder Governance-Prinzipien komparativ analysiert und dargestellt werden. Zuvor wird aber noch eine Abgrenzung zu anderen kategorialen Ordnungsbegriffen wie Staat, Hegemonie und Imperialismus vorgenommen. Dies dient dem Zweck, zum einen eine Art negative Definition des Begriffs Imperium zu geben, zum anderen gemeinsame Fragestellungen und Intentionen aller Ansätze sichtbar zu machen.

Eine positive Definition des Imperiumsbegriffs geben die danach folgenden Abschnitte über Governance- und Legitimationsstrategien des Imperiums. Im Anschluss daran wird der Frage nachgegangen, welche normativen Implikationen jeweils für die EU postuliert werden oder konkreter, wie viel Politikberatung in den neuen Imperiumstheorien steckt.

Im Zuge dieser Argumentationslinie soll sich zeigen, dass die neuen Imperiumstheorien kein eigenes kohärentes Theoriegebäude bilden, obwohl sie zentrale Gemeinsamkeiten aufweisen. Als Abschluss wird versucht eine Heuristik zu entwickeln, um die vier Imperiumstheorien im Rahmen bekannter Theorien Internationaler Beziehungen zu verorten.

3.1 Das Imperium - Ein negativer Definitionsversuch

Eine gängige Praxis in den Arbeiten zu den neuen Imperiumstheorien ist das Stilmittel der Kontrastierung. Das Imperium wird hierbei nicht positiv über Zuschreibungen definiert, sondern negativ über die Abgrenzung zu anderen Konzepten. Nachfolgend werden drei Ordnungsbegriffe diskutiert, von denen sich alle Autoren klar distanzieren, um negative Definitionen des Imperiums zu erzeugen.

3.1.1 Staat

Schlägt man ein Fachbuch über Völkerrecht auf, so ist es leicht, den Staat als die höchstrangige politische Ordnungsfigur zu identifizieren. Als Völkerrechtssubjekt ist der Staat rechtlich keinem anderen politischen Subjekt unterzuordnen. Alle anderen Völkerrechtssubjekte wie internationale Organisationen sind auf Staaten als Mitglieder angewiesen. Das zentrale Konstitutionsprinzip heißt Gleichheit der Staaten. Insofern beinhaltet die aktuelle Basis des Völkerrechts, die Charta der Vereinten Nationen, weder ein zentrales Legislativorgan noch eigene effektive Durchsetzungsmechanismen. Völkerrecht ist Koordinationsrahmen für Beziehungen zwischen Staaten, Macht kann es nur durch die Staatsmacht der Staaten entfalten (vgl. Herdegen 2005: 64-68). In der Ausgestaltung dieser Normen wird ersichtlich, welche Ausnahmestellung der Staat als Ordnung weltweit im materiellen Recht einnimmt.

Definiert wird der Staat häufig über die „Drei-Elemente-Lehre" von Georg Jellinek. In der Trias „Staatsgebiet, Staatsvolk und Staatsgewalt" sind konstitutive Ordnungsentscheidungen des Modells Staat „konserviert". Die Ordnung des Staates ist an ein festes Territorium gebunden. Sie weist der Bevölkerung über die Staatsbürgerschaft Rechte und Pflichten zu. Mittels des Staatsapparats wird Macht zentral exekutiert. Das Gewaltmonopol gewährt nach innen die Gesetzgebungskompetenz sowie die letzte Entscheidungskompetenz in allen politischen Fragen. Nach außen ist der Staat souverän, formal herrscht ein Nichteinmischungsverbot zwischen den Staaten (vgl. Küchenhoff 1960: 17). Häufig wird diese juristische Minimaldefinition noch um „zentrale Staatsaufgaben" erweitert. Zu den klassischen Aufgaben gehören die Herstellung innerer und äußerer Sicherheit, die Garantie des Friedens und eine wohlfahrtsfördernde ökonomische Ordnung. Modernere Ansätze fügen weitere Aufgaben, wie z.B. den nachhaltigen Umgang mit der Umwelt, hinzu (vgl. Schultze 2004: 909).

Allerdings lassen sich diese Aufgaben auch vom Begriff Staat entkoppeln und allgemein als Anforderungen an eine dauerhafte politische Ordnung formulieren. Der Staat kann also auch einfach als konstantes Modell bestimmter Ordnungsentscheidungen interpretiert werden.

An diesem Punkt lässt sich der gemeinsame Fokus der vorgestellten Theorieansätze zum Imperium gut verdeutlichen. Aus verschiedenen Blickrichtungen arbeiten sich alle vier Ansätze am paradigmatischen Modell Staat ab. Dabei erscheint der Staat als ein, seit dem Westfälischen Frieden 1648, erfolgreiches Modell politische Ordnungsentscheidungen.

Allerdings zeigt sich der Staat auch immer wieder dysfunktional oder als unfähig, die originären Staatsaufgaben zu erfüllen. Dabei scheint sich die konstatierte Krise des Staates, insbesondere durch die Globalisierung, immer weiter zu verschärfen. So erklären Beck und Grande den historischen Erfolg des Staats mit der gelungenen Minimierung der Integrationskosten des Herrschaftsgebiets. In der jetzigen globalisierten Welt hingegen erodieren die Voraussetzungen für wirksame Inklusion- und Exklusionsmechanismen, wie sie die Staatenordnung ausmachen. Gleichzeitig wird damit natürlich auch die Leistungserbringung von Wohlfahrt und Sicherheit als zentrale Staatsaufgaben immer prekärer (vgl. Beck/Grande 2005b: 403). Ein ähnliches Argument zur Performanz des Ordnungssystems Staat, aus einem eher liberalen Blickwinkel, entwickelt Zielonka. Er kritisiert, dass der Staatsapparat, insbesondere auch angesichts des Steuerungsfähigkeitsverlusts durch die Globalisierung, immer stärker zum Aufbau neuer kostspieliger Institutionen neigt. Dieser Ausbau von Staatsmacht ist auf die Kontrolle sozioökonomischer Systeme ausgelegt, nicht aber auf die Förderung von deren Effizienz und Funktionalität. In diesem Sinne ist ein europäischer Superstaat die schlechteste Lösung, das Wohlfahrtsversprechen einer politischen Ordnung einzulösen (vgl. Zielonka 2006: 8-10). Auch Münkler und Cooper bejahen die abnehmende Fähigkeit des Staates zur Leistungserbringung. Ihre Hauptkritik liegt aber in der Ordnung, die Staaten untereinander konstituieren. Bemängelt wird besonders die fehlende Stabilität im Staatensystem, die der Begriff Ordnung ja eigentlich impliziert. Der fehlende Souverän der Staatenordnung äußert sich zu jeder Zeit als potenzielle Gefahr oder Bedrohung der einzelnen Staaten. Ergebnis ist die Welt der „Moderne", wie sie Cooper beschreibt (vgl. Kap. 2.1.1.). Münkler spricht im Zusammenhang der polyzentrischen Staatenordnung sogar von einer „tendenziellen Belligerenz des Systems" (ZF Interview 2006: 3). Alle neuen Imperiumstheorien nehmen also einen gewissen Abstand zum kategorialen Ordnungsmodell Staat ein. Beck geht zudem in seiner Kritik noch einen Schritt weiter. Er argumentiert, dass das Ordnungssystem Staat aufgrund seiner langen Tradition ein methodologisches Dogma geworden sei. Die Antworten des Staates auf jegliche Ordnungsfragen gelten hier als Referenzsystem. Wissenschaft ist in der Begriffswelt dieses Dogmas gefangen, unfähig, den Mehrwert anderer politischer Ordnungsmodelle anzuerkennen (vgl. Beck 2005: 6).

3.1.2 Imperialismus

Mit der Verwendung des Begriffs Imperium setzen die fünf vorgestellten Autoren auf einen lang etablierten aber auch stark umkämpften Begriff. Um diesen Begriff neu verorten zu können, bedarf es an Distanz zu alten inhaltlichen Besetzungen. In den neuen Imperiumstheorien geschieht dies in erster Linie in der Auseinandersetzung mit dem Begriff Imperialismus. Dem Imperialismus werden allgemein relativ eindeutige Bedeutungsinhalte zugeschrieben: erstens die Ausweitung des Herrschaftsgebietes eines Staates bis zur Weltherrschaft unter Anwendung von Zwang und Gewalt; zweitens das Streben eines Staates, dieses Ziel zu verfolgen; drittens der Vorwurf an einen Staat, eine solche Politik zu betreiben. In den größtenteils marxistischen Imperialismustheorien wird zudem auf Interventionszwänge zur Aufrechterhaltung kapitalistischer Akkumulationsregime hingewiesen. Aus ihnen ergebe sich die ökonomisch-militärische Expansion der imperialistischen Mächte zum Zweck der Durchdringung der Dritten Welt im Zuge der Ausbreitung des Kapitalismus (vgl. Schmidt 1995: 412).

In der Kritik von Cooper, Zielonka sowie Beck und Grande am Imperialismus wird der Begriff wiederum klar an die Ordnungskategorie Staat

gebunden. Imperialismus bedeutet hier von den modernen Nationalstaaten ausgehender Kolonialimperialismus (vgl. Cooper 2003: 7). Im
Vordergrund stehen Militäreroberungen und Annexionen mit dem
Zweck der ökonomischen Ausbeutung zum Wohl des Nationalstaats
(vgl. Zielonka 2006: 12). In der europäischen Epoche des Imperialismus
dokumentiert sich ein generelles Problem der Staatenordnung, die formelle Gleichheit des Staatensystems in Kombination mit starken macht-
politischen Asymmetrien. Die mächtigen Staaten Europas werden zu
imperialistischen Mächten, indem sie ihren Machtwettlauf mit der kom-
petitiven Unterjochung der Schwachen flankieren (vgl. Beck/Grande
2005b: 408).

Münklers Kritik am Imperialismus bleibt verhaltener. Der europäische
Imperialismus wird von ihm durchaus als imperiale Herrschaft verstanden, allerdings als eine, in den Kategorien der Räson, sehr unvorteilhafte
Form. Ausschlaggebend für dieses Urteil ist die übertriebene Verfolgung
der imperialen Mission im Zentrum, gepaart mit der Ignoranz gegenüber den entstehenden Kosten. Imperialismus ist danach eine unattrak-
tive Form imperialer Herrschaft, weil sie teure Machtsorten wie militärische Macht übermäßig einsetzt bzw. die Kosten-Nutzen-Relation für das
Zentrum negativ ausfällt (vgl. Münkler 2005: 35-39).

Neben diese zurückhaltende Abgrenzung zu imperialistisch handelnden
Imperien stellt Münkler, als zweiten relativierenden Pol, eine Kritik an
den marxistischen Imperialismustheorien. Der Vorwurf lautet, dass die
Imperialismustheorien ihren Analysefokus einseitig auf das imperiale
Zentrum richten. Der Motor der Imperienbildung erscheint aus dieser
Perspektive immer als eine großräumige Eroberungsstrategie macht-
hungriger Eliten zum Zweck der Ausbeutung. Die Dynamiken und Entwicklungen der Peripherie hingegen bleiben unbeachtet, Push-Faktoren
werden somit automatisch überbewertet (vgl. Münkler 2005: 20-21).

Zwar ergibt sich insgesamt kein vollkommen einheitliches Urteil, trotzdem kann festgestellt werden, dass alle neuen Imperiumstheorien den
Imperialismus als Ordnungsoption für die Rolle Europas ablehnen bzw.
dass Imperien auf andere, effektivere Methoden der Herrschaft setzen.

3.1.3 Hegemonie

Auch zum Begriff der Hegemonie, verstanden als Ordnungskategorie,
nehmen alle neuen Imperiumstheorien einen gewissen Abstand ein oder
bestimmte Differenzierungen vor. Auffällig dabei ist, dass sich alle Ansätze relativ gut entweder in das Konzept der Hegemonie aus der Perspektive des realistischen Denkens oder in das Konzept der Hegemonie
von Antonio Gramsci einordnen lassen.

Die realistische Theorie definiert Hegemonie mit den Attributen „überlegen" oder „dominant". Ein Staat erreicht eine hegemoniale Vormachtstellung mit der überlegenen Kontrolle ökonomischer Ressourcen. Diese umfassen Rohstoffe, Kapital, Märkte und kompetitive Vorteile bei der Produktion von Hochtechnologie. Außerdem ist der Hegemon gezwungen, entsprechende militärische Potenziale vorzuhalten, um die Kontrolle der ökonomischen Ressourcen abzusichern. Ausgehend von dieser Definition formuliert die realistische Theorie die hegemoniale Stabilitätsthese. Die Kernaussage dieser These lautet, dass Ordnung weltweit typischerweise durch eine dominante Hegemonialmacht hergestellt werde und somit die langfristige internationale Stabilität direkt von der Stabilität der Hegemonie abhänge. Anders formuliert, je größer die hegemoniale Dominanz, desto einfacher wird internationale Kooperation. Hegemonie in der realistischen Perspektive kann also auch als Ordnung interpretiert werden, in der ein Staat so mächtig ist, dass er die Regeln der internationalen Beziehungen maßgeblich behauptet (vgl. Keohane 1984: 31-33; 39). Einen ganz ähnlichen Hegemoniebegriff entwickeln Beck, Grande und Zielonka. Auch bei ihnen ist Hegemonie mit der Überlegenheit der zwei Machtsorten militärische und ökonomische Macht verbunden. Außerdem zielt die politische Ordnung der Hegemonie nur auf die Änderung der äußeren Staatsaktivitäten ab. Eine Integration in das Herrschaftsgebiet wie im Imperium findet hier nicht statt (vgl. Beck/Grande 2005b: 206). Vergleicht man die formulierten Voraussetzungen der Hegemonie der realistischen Theorie mit denen des Imperiums bei Münkler, so ist man versucht, auch sein Hegemoniekonzept hier einzuordnen. Allerdings vollzieht er bei der Charakterisierung von Hegemonie eher Argumentationsmuster, wie sie Antonio Gramsci zur Hegemonie vorgegeben hat.

Gramsci entwickelte sein Hegemoniekonzept im Zusammenhang mit der Frage, warum die marxistischen Revolutionen in Europa scheiterten. Zur Beantwortung beschreibt er den Staat als integralen Staat, der sich aus den Teilelementen „politische Gesellschaft" und „Zivilgesellschaft" zusammenfügt. Hegemonie wird hier nicht mit Gewalt, Recht und Zwang des Staates verbunden. Sie ist vielmehr eine konsensuale Art und Weise der Herrschaftsausübung in der Zivilgesellschaft oder – im Diktum von Michael Mann – eine Form der ideologischen Macht. In der Zivilgesellschaft bedeutet Hegemonie somit eine legitime Form der Dominanz, welche die große Mehrheit der Herrschaftsunterworfenen unterstützt. Der integrale Staat hat nach dieser Argumentation zwei Schutzmechanismen: den staatlichen Apparat als Panzer vor äußeren Bedrohungen und die Hegemonie als Panzer nach innen. Die marxistische Revolution scheiterte nach Gramsci nicht am staatlichen Apparat allein, sondern auch an der Hegemonie. Er definiert den Staat deshalb als „Hegemonie gepanzert mit Zwang" (vgl. Demirovic 2007: 24-25). Überträgt man dieses Konzept der Hegemonie von der Zivilgesellschaft auf die Gemeinschaft der Staaten, nähert man sich den Positionen von Münkler und Cooper zum Thema. Hegemonie ist hier die legitime Vorherrschaft eines Staates unter formal gleichgestellten Akteuren. Der Hegemon ist ein Anführer, aber kein Befehlshaber (vgl. Münkler 2005: 18). Verantwortlich für die Akzeptanz der Stellung der Hegemonialmacht ist die Bereitschaft derselben, Lasten für kollektiv bereitgestellte Güter zu übernehmen, wie z.B. Sicherheit im internationalen Maßstab (vgl. Cooper 2003: 45). Bei Münkler ist Hegemonie nicht vollständig von imperialer Herrschaft abgegrenzt. Normalerweise versucht das Imperium in seinem Ansatz, die Lasten der Herrschaft zu teilen oder die Peripherie sogar auszubeuten. Trotzdem kann sich das Imperium optional selbst beschränken und hegemonial agieren, also die Lasten der Gesamtordnung allein dem Zentrum aufbürden. Dies könnte zu dem Zweck geschehen, Widerstand in der Peripherie zu minimieren oder die Bevölkerung der Peripherie vom Nutzen der imperialen Ordnung zu überzeugen. Die Trennlinie zwischen Hegemonie und Imperium ist deshalb schwer zu ziehen. Bei einem zu großen sozioökonomischen Abstand zwischen Zentrum und Peripherie verfällt allerdings die Option zur Hegemonie. Die ideologische Macht der hegemonialen Ordnung reicht nicht mehr aus, um den konsensualen Charakter und die Fiktion formeller Gleichheit überzeugend zu kommunizieren (vgl. Münkler 2005: 70; 75-77).

3.2 Governance-Entwürfe in den neuen Imperiumstheorien

Nach diesen Abgrenzungen zu anderen Ordnungskonzepten soll der Imperiumsbegriff nun mit seinen typischen Herrschafts- und Handlungslogiken besetzt werden. Dabei werden weiterhin die Ordnungslösungen des Staates als Vergleichsmaßstab herangezogen. Eine besondere Schwierigkeit bei diesem Vorhaben ergibt sich aus den unterschiedlichen Konstruktionsperspektiven der neuen Imperiumstheorien. Beck, Grande, Zielonka und Cooper führen ihre Theorien konkret am Beispiel der EU aus. Münkler hingegen entwirft eine allgemeine Theorie des Imperiums, empfiehlt für die EU aber lediglich, Anleihen an diesem Modell zu nehmen, ohne weiter auszuführen, wieweit sich die EU seinem Modell annähern soll (vgl. Münkler 2005: 254). Um einen Vergleich dennoch so fruchtbar wie möglich zu machen, wird Münklers Theorie im Folgenden, wenn es nötig erscheint, explizit und in allen Facetten auf die EU angewandt.

3.2.1 Imperiale Grenzraumkonzepte

Jedes politische System nimmt eine territoriale Strukturierung seiner Herrschaft vor, im Falle des Staates eine klar definierte Staatsgrenze. Man kann diese Strukturierung als Kontrollstrategie einer politischen Ordnung zur Kontrolle von Transaktionen interpretieren. Nach Stein Rokkan können drei verschiedene Sets an Grenzüberschreitungen unterschieden werden:

- Erstens der Austausch von Gütern und Dienstleistungen, wie Handel oder Tausch.

- Zweitens der Austausch von Personen, wie Migration.

- Drittens der Austausch von Botschaften, also jedwede Kommunikation.

Zu den Sets der Grenzüberschreitung gibt es jeweils ein korrespondierendes Set an Kontrollmaßnahmen. In einem Extremfall werden alle Transaktionen blockiert. Im anderen Extremfall finden keine Kontrollen statt, also existiert eine Offenheit für jegliche Transaktion. Jede politische Ordnung übt zwischen den beiden Extremen eine differentielle Kontrolle der Transaktionen mittels verschiedener Maßnahmen aus. Grenzen sind also strategisch errichtete Barrieren zu Erlangung eines spezifischen Blockadevorteils, allerdings ist jede Grenze auch mit Kosten verbunden (vgl. Rokkan 2006: 29-30). Aus einer Governance-Perspektive können alle Strategien zur Grenzverstärkung als Ausweitung des Modus Hierarchie beschrieben werden, Strategien zum Grenzabbau hingegen als Abkehr von hierarchischer Koordinierung hin zu Modi wie Markt, Netzwerk oder Wettbewerb.

Zu einer differenzierteren Betrachtung der Grenzbildung lässt sich auch noch die Territorialstruktur in zwei Dimensionen von Raum oder Distanz unterscheiden. Die physische Dimension der Distanz beschreibt den geographischen Raum. Die sozial-kulturelle Dimension bildet einen Mitgliedschaftsraum. Zur Grenzbildung spielen sowohl der geographische als auch der Mitgliedschaftsraum eine Rolle. Der geographische Raum ist leicht überschreitbar, deshalb sind Kontrollstrategien besonders aufwendig und teuer. Durch seine kulturelle, sprachliche und soziale Differenzierung bildet der Mitgliedschaftsraum hingegen selbständig gewisse Barrieren. Aus diesem Grund wird das Überschreiten schwerer bzw. wird die Anwendung von Kontrollstrategien leichter und billiger (vgl. Rokkan 2006: 31-32).

Beschreibt man den Staat aus dieser Perspektive, so ist der Mitgliedschaftsraum mit dem geographischen Raum mittels der Staatsbürgerschaft verschmolzen. Militärisch-administrative Grenzen des geographischen Raums werden in der Staatsordnung durch komplementäre kulturelle Grenzen verstärkt. Der Staat bündelt seine verschiedenen Grenzen in dieser Weise zu einer scharfen Linie (vgl. Rokkan 2006: 34). Auch die neuen Imperiumstheorien beschäftigen sich mit der politischen Strukturierung des Raums und der Grenzbildung. Gemeinsam rücken alle Autoren von einer starren Bündelung der verschiedenen Dimensionen der Grenze, wie im Staat, ab.

Cooper spricht von einer generellen Irrelevanz von Grenzen innerhalb der post-modernen Welt, also vom Extremfall der Offenheit für jede Transaktion. Nach außen in Richtung Moderne und Vor-Moderne seien Grenzen aber noch genauso relevant und genauso konstruiert wie im Staatsmodell (vgl. Cooper 2003: 30). Es findet also eine einfache Übertragung der Grenzkonstruktion des Einzelstaates auf die Gesamtheit der Post-Moderne (oder EU) statt. Es ist anzumerken, dass dieses einfache Modell wohl hauptsächlich der Fokussierung Coopers auf die Sicherheitspolitik geschuldet ist. So begründet er das weiterhin starke Grenzregime der Postmoderne mit der abnehmenden globalen Relevanz der geographischen Dimension des Raumes. Die Globalisierung hebt die Isolierung der vor-modernen Welt auf, Bedrohungen rücken durch diese Relativierung von Distanz an die Post-Moderne heran (vgl. Cooper 2003: 17). Innerhalb des polyzentrisch organisierten, „neomittelalterlichen" EU-Imperiums spricht Zielonka von einem Verwischen jeder Art von Grenzbarriere. Die Grenzen des geographischen Raums in der EU sind komplett abgebaut. Bezüglich der Mitgliedschaftsräume der einzelnen Staaten beginnt ein Prozess des Wettbewerbs, welcher den Transfer- und die Diffusion sozialer Raumorganisation antreibt. In diesem Prozess entstehen differenzierte, überlappende Grenzräume, in denen multiple Mitgliedschaften die Regel sind (vgl. Zielonka 2006: 143). Die Außengrenzen des „neomittelalterlichen" EU-Imperiums sind zwar noch ähnlich zu denen von Staaten, allerdings erodieren mit dem Export von Governance, also Arrangements des Mitgliedschaftsraums, diese Grenzen. So werden Anknüpfungspunkte für verschiedenste Transaktionen geschaffen, die eine Trennung zwischen EU-Insider und -Outsider immer stärker verwischen (vgl. Zielonka 2006: 145). Beck und Grande konstatieren für die EU ähnliche Entwicklungen wie Zielonka. Das „kosmopolitische" Imperium basiert auf der Logik permanenter Expansion und Entgrenzung. In diesem Prozess vollzieht sich ein anhaltender Wandel von der Exklusion zur Inklusion von Räumen. Der kosmopolitische Blick bewertet die Differenzen der Mitgliedsräume positiv und nimmt sie daher auch nicht als Barriere, sondern als Bereicherung wahr. Aufgabe der EU in diesem Prozess ist es, die Geschwindigkeit des Wandels zu regulieren und die Ausübung differenzierter Kontrollformen mit der Diversität der Mitglieder kompatibel zu machen (vgl. Beck/Grande 2005b: 403-404). Nach dem Zentrum-Peripherie-Modell ist der Abbau von Grenzen im Zentrum am weitesten vorangeschritten und schwächt sich zu den Rändern ab. Die Außengrenzen der EU sind aber trotzdem nicht so „hart" wie Staatsgrenzen. Im Entgrenzungsprozess entsteht eine offene, variable räumliche Struktur, die überlappende Zuständigkeiten, Identitäten und Loyalitäten auch in den Außenraum zulässt. Ergebnis sind fluktuierende Grenzräume mit unterschiedlicher Einflussreichweite europäischer Politik, eine „mehrdimensionale Geometrie des europäischen Raumes" (Beck/Grande 2005b: 411). Auch Münkler weist auf ein permanentes Expansionsstreben des Imperiums hin. Wie bei Cooper wird dies mit der Relativierung der räumlichen Distanz und daraus hervorgehenden Bedrohungen begründet: Politische Vakuen ordnungsfreier Räume fordern die Expansion der imperialen Ordnung (vgl. ZF Interview 2006: 2). Aus dem Zentrum-Peripherie-Modell leitet sich für die Expansion ein imperialer Grenzraum her, der über ein, sich nach außen abschwächendes, ökonomisches und kulturelles Beziehungsgeflecht definiert ist. Betont wird aber, dass der imperiale Grenzraum und Staatsgrenzen nicht gezwungenermaßen Alternativen zueinander seien. Es sei vielmehr so, dass die Mitgliedsstaaten des Imperiums Grenzen nach ihrer Logik etablieren, der imperiale Grenzraum diese Grenze aber teilweise aufhebt, überlagert oder an anderer Stelle sogar ausbaut. Die Mitgliedsräume werden somit teilweise nach funktionalen Erfordernissen der imperialen Räson bis in die Peripherie integriert, während z.B. Außengrenzen gegen Migration komplementär verstärkt werden (vgl. Münkler 2005: 17). Wichtigstes Merkmal imperialer Grenzräume ist somit ihre Semipermeabilität. Das Zentrum öffnet die Grenzen der Peripherie, um Einfluss zu nehmen, in umgekehrter Richtung wird hingegen ein hochwirksames Grenzregime gegen jede ungewünschte Form der Einmischung etabliert (vgl. Münkler 2008: 34).

Als Triebkraft für den Wechsel der spezifischen Form einer Grenzkonstruktion können nach Rokkan Änderungen im Weltkapitalismus identifiziert werden (vgl. Rokkan 2006: 34). Analog dazu begründen die neuen Imperiumstheorien den Wechsel von der Demarkationslinie zum imperialen Grenzraum mit Vorteilen im Umgang mit der Globalisierung. Die imperialen Grenzkonstruktionen sind in diesem Sinne nicht nur als Produkt, sondern auch als Produzent neuer sozialer Ordnung zu verstehen (vgl. Eigmüller 2007: 18).

Fasst man die Gemeinsamkeiten der imperialen Grenzkonstruktionen zusammen, kann man von Grenzräumen statt Demarkationslinien sprechen. In Grenzräumen werden Grenzen im Raum diversifiziert. Sprachliche, kulturelle, politische und wirtschaftliche Grenzen sind nicht mehr homogen im geographischen Raum gebündelt. Grenzräume sind aufgrund der Expansionslogik, aber auch der Schrumpfungen kein statisches, sondern ein prozessorientiertes Konzept. Die Unterschiede der imperialen Grenzkonstruktionen lassen sich gut aus der Governance-Perspektive beschreiben. Münkler beschreibt eine strikte Hierarchie gegenüber der Peripherie, der Zugang zu Mitgliedschaftsräumen wird zentral kontrolliert. Die Steuerung über andere Governance-Modi wird nach funktionalen Gesichtspunkten zugunsten des Zentrums partiell zugelassen. Zielonka, Beck und Grande hingegen sehen im imperialen Grenzraum einen Rückzug der Hierarchie zugunsten anderer Governance-Modi. Mitgliedschaftsräume treten über den Wettbewerb, Netzwerke etc. in Interaktion und sind durch diese Formen der Selbstregulation besser gesteuert als über eine unflexible Hierarchie. Cooper liegt zwischen beiden Positionen, für die Außengrenzen zur Moderne und Vor-Moderne gilt die hierarchische Grenzziehung, nach innen das Extrem der vollkommenen Offenheit.

3.2.2 Die politische und ökonomische Leistungsfähigkeit imperialer Ordnungen

Im Folgenden soll diskutiert werden, aus welchem Grund imperiale Ordnungen und Grenzräume Vorteile gegenüber der Staatenordnung bei der Erbringung genuin politischer Ordnungsaufgaben (Staatsaufgaben), wie z.B. dem Friedens- oder dem Wohlfahrtsversprechen besitzen. Dabei wird die These vertreten, dass Imperien in der Lage sind, eine großräumige, friedliche Wohlstandszone zu etablieren, und dabei eine überlegene Steuerungs- und Problemlösungsfähigkeit entwickeln. Im Kontrast hierzu werden danach Vorraussetzungen, Kosten und Belastungen der jeweiligen Ordnungskonstruktion Imperium thematisiert.

Jede der vier Theorieansätze bescheinigt der imperialen Ordnung, eine Zone des Friedens zu sein. Die Begründung dieser Abwesenheit von großen Gewaltkonflikten erfolgt jedoch nach verschiedenen Mustern. Eine vorherrschende Position im europäischen Friedensdiskurs nimmt Immanuel Kants Schrift „Zum ewigen Frieden" ein. Kant entwickelt hierin die Idee eines Vertragsfriedens, welche er an spezifische Präliminar- und Definitivartikel bindet. Die Präliminarartikel zählen Ausschlussbedingungen für Frieden auf. In den drei Definitivartikeln werden die Voraussetzungen für den ewigen Frieden definiert. Dabei wird der Naturzustand des Krieges zwischen den Menschen auch für die Staaten angenommen. Aus diesem Grund fordert der zweite Definitivartikel, der Staat müsse sich einer Verfassung und einem gemeinsamen Recht unterwerfen, um den Kampf aller gegen alle aufgeben zu können. Es wird also, in Analogie zur Staatsbildung bei Hobbes, die Notwendigkeit zur Bildung einer internationalen Organisation proklamiert. Für den Frieden der Staaten untereinander ist somit ein System der kollektiven Selbstbindung verantwortlich (vgl. Czempiel 1986: 88). Cooper lehnt die Idee des Vertragsfriedens zumindest global vehement ab, er verweist besonders auf das Scheitern des Völkerbundes nach dem Ersten Weltkrieg. Aus diesem Grund ist der Vertragsfrieden nur in der Welt der Postmoderne die vorherrschende Friedensstrategie (vgl. Cooper 2003: 70,111). Beck hingegen verweist besonders auf die Erfahrungen, welche die EU aus den beiden Weltkriegen gezogen hat, nämlich einerseits das Gewalttabu und andererseits die gegenseitigen Rechtsbindungen in der EU. Gerade diese Rechtsverbindlichkeit für die Staaten gegenüber der EU garantiere Frieden im Sinne des Vertragsfriedens (vgl. Beck 2005: 10-12).

Eine zweite prominente Begründungslinie für die Friedfertigkeit von Staaten liefert die frühe liberale ökonomische Theorie. Hier wird davon ausgegangen, dass Freihandel nicht nur Wohlstand, sondern auch eine Pazifizierung der Staatsbeziehungen bewirke. In diesem Sinne schrieb der britische Ökonom John Stuart Mill: „Der Handel ist es, der den Krieg zum überwundenen Standpunkt macht (...). Und man kann ohne Übertreibung behaupten, dass die große Ausdehnung und das schnelle Wachstum des internationalen Handels, dadurch dass er die Hauptgarantie des Friedens in der Welt ist, zugleich auch die größte und dauernde Bürgschaft für den ununterbrochenen Fortschritt der Vorstellungen, der Einrichtungen und des Charakters des Menschengeschlechts ist" (Mill 1924: 144). Handel und wirtschaftliche Verflechtung werden hier zum Garanten von Wohlstand. Krieg würde diese Beziehungen stören, somit wird der Frieden wichtigstes Interesse des Staats. Ganz in diesem Sinne argumentiert auch Zielonka. So führt er die Friedfertigkeit der Revolutionen und Reformen in Osteuropa auf die Aussicht zurück, später am EU-Handel partizipieren zu können (vgl. Zielonka 2006: 36). Auch Münkler weist auf die Befriedung des großen imperialen Raumes bis in die Peripherie durch Handelsverflechtungen hin (vgl. ZF Interview: 2006: 3-4).

Ein drittes Begründungsmuster für Frieden bietet die bereits angesprochene hegemoniale Stabilitätsthese. Hier ist Frieden das Resultat aus der Vormachtstellung eines politischen Akteurs und dem Wissen, dass Widerstand gegen die Hegemonialmacht zum Scheitern verurteilt ist (vgl. Keohane 1984: 31). Analog resultiert aus Münklers Ansatz, dass die imperiale Friedenszone neben den Handelsverflechtungen die Fähigkeit besitze, das zur Belligerenz neigende Staatensystem durch überlegene Herrschaftsmittel zu überlagern. Konflikte werden eingehegt und der Einfall prekärer Staatlichkeit aus der Peripherie verhindert (vgl. Münkler 2005: 131). Trotz des unterschiedlichen Hegemoniebegriffs greift Münkler an dieser Stelle auf Arbeiten der realistischen Schule zur Hegemonie zurück. Ähnlich argumentiert auch Cooper. Gegenüber der Welt der Moderne und Vormoderne bevorzugt er die hegemoniale Friedensstrategie und fordert sogar, wenn nötig, die Hegemonialstellung der Postmoderne zu demonstrieren: „When dealing with more old-fashioned kinds of state outside the postmodern limits, Europeans need to revert to the rougher methods of an earlier era – force, pre-emptive attack, deception, whatever is necessary for those who still live in the nineteenth-century word of every state for itself"(Cooper 2003: 62).

Die Friedensfähigkeit der imperialen Ordnung ist zwar eine notwendige, aber keine hinreichende Bedingung für die Erzeugung von Wohlstand. Eine erste Annäherung an die Frage der ökonomischen Leistungsfähigkeit von Institutionen wie dem Staat oder anderer politischer Ordnungssysteme erlaubt Buchanans „Theorie der Clubs und Clubgüter". Das zentrale Anliegen dieser Theorie besteht darin, die sogenannte Samuelson-Lücke zwischen rein privaten und rein öffentlichen Gütern zu schließen. Private Güter sind über eine vollständige Rivalität der Nutzung und Ausschließbarkeit der Nutzer definiert. Öffentliche Güter erfüllen diametrale Eigenschaften, daher Nicht-Rivalität und Nicht-Ausschließbarkeit. Buchanans Clubgüter bewegen sich zwischen diesen beiden Extremen und sind über partielle Rivalität und partielle Ausschließbarkeit gekennzeichnet (vgl. Buchanan 1965: 1-2). Ein Club stellt Clubgüter exklusiv für seine Mitglieder her und verlangt dafür Clubbeiträge. Entscheidungen über die Quantität und Qualität der hergestellten Güter treffen die Clubmitglieder. Der Nutzen, den jedes Clubmitglied aus den Clubgütern ziehen kann, ist über die Anzahl der Mitglieder determiniert. Aus diesem Grund müssen Clubs, wenn sie den Nutzen ihrer Mitglieder maximieren wollen, eine Inklusion und Exklusion von Mitgliedern vornehmen. Entscheidend bei dieser Maximierung sind zwei Faktoren: erstens Überfüllungs- und Verdrängungseffekte, sie repräsentieren das Ausmaß der Rivalität um die Clubgüter; zweitens die Zahlungsfähigkeit und -bereitschaft der Clubmitglieder zur Finanzierung der Clubbeiträge. Beide Faktoren stehen in einem Zielkonflikt. Jedes zusätzliche Mitglied reduziert den Nutzen, den Mitglieder aus dem Clubgut ziehen können, wobei gleichzeitig aber die Kosten der Bereitstellung auf mehr Beitragszahler verteilt werden.

Als optimale Lösung des Zielkonflikts kommt Buchanan zu dem Ergebnis, dass ein Club so lange neue Mitglieder aufnehmen sollte, bis die Grenzkosten des letzten zusätzlichen Mitglieds, im Sinne dessen negativer Externalität, dem Grenznutzen in Form der breiteren Finanzierungsgrundlage entspricht (vgl. Buchanan 1965: 6-13). Ist die Zahlungsbereitschaft aller potenziellen Neumitglieder ausreichend, wird die voraussichtliche Rivalität um die Clubgüter zentrales Kriterium für die Vergabe von Mitgliedschaften. Nach Olson kann man deshalb zwischen exklusiven und inklusiven Clubs unterscheiden. Bei exklusiven Clubs treten schnell Verdrängungs- und Überfüllungseffekte ein, somit sind strikte Zutrittsrestriktionen notwendig. Inklusive Clubs stellen hingegen eher öffentliche Güter oder Güter mit geringer Rivalität bereit, wodurch keine oder nur geringe Zutrittsbeschränkungen nötig sind (vgl. Olson 1965: 34ff.). Versteht man das Imperium nach Buchanans Modell als Club, so stellt es seinen Mitgliedern, meist Staaten, bestimmte Clubgüter zur Verfügung. Dabei muss sich das Imperium mitgliedschaftsoptimierend verhalten und außerdem die bereitgestellten Leistungen, besonders bei großer Rivalität um die Clubgüter, wirksam auf die Mitglieder beschränken.

Vergleicht man die Ordnungen Staat und Imperium als Clubs, kann man einerseits Unterschiede bei der Mitgliedschaftsoptimierung und andererseits bei der Erbringungslogik der Clubgüter feststellen. Staatliche Mechanismen zum Zweck Inklusion bzw. Exklusion von Mitgliedern sind klassischerweise Grenzbündelung und Staatsbürgerschaft. Im Sinne der Clubtheorie ist diese Beschränkung des Staates auf ein bestimmtes Territorium und eine bestimmte Bevölkerung nicht optimal. Münkler, Beck und Grande betonen, dass imperiale Ordnungen nur aufgrund ihrer schieren Größe und Reichweite große ökonomisch positive Effekte hervorrufen:

Eine gemeinsame Rechtsordnung ermöglicht die Senkung von Transaktionskosten im Handel. Die sozialen und kulturellen Verflechtungen intensivieren Kommunikation und Austausch in Wirtschaft und Wissenschaft. Die großen Absatzmärkte ermöglichen für Unternehmen die Realisierung von Spezialisierungs- sowie Skalen- und Verbundvorteilen (vgl. Münkler 2007: 279-280). Zusätzlich bewirkt die permanente Expansion eine stetige Vergrößerung des gemeinsamen Marktes und eröffnet somit immer neue Wachstumschancen. Nach außen hat die Größe des eigenen Marktes zusätzlich den Effekt, Konkurrenten den eigenen regulatorischen Standards unterwerfen zu können (vgl. Beck /Grande 2005b: 415). In diesem Sinne ist der imperiale Club schon allein durch seine Größe dem kleineren Staatsclub bei der Güterproduktion überlegen. Die Frage, welche Clubgüter hergestellt werden und ob das Imperium ein eher exklusiver oder inklusiver Club ist, wird von den vier Imperiumstheorien sehr unterschiedlich beantwortet. Cooper macht zu ökonomischen Fragestellungen kaum Aussagen, aufgrund der angeführten Hegemonialstellung der postmodernen Welt ist aber von einer hohen ökonomischen Leistungsfähigkeit auszugehen.

Bei Beck und Grande drückt sich die Überlegenheit des „kosmopolitischen" Imperiums gegenüber dem Staat im Wandel des Konzepts der Souveränität aus. Sie postulieren die Transformation des Nullsummenspiels der Souveränitätsabgabe im Prozess der Kosmopolitisierung hin zu einem Positivsummenspiel der europäischen Souveränität. Zur Beschreibung dieses Prozesses wird der Begriff Souveränität getrennt in eine legale Dimension, die Fähigkeit, legitime Entscheidungen zu treffen, und eine materielle Dimension der ökonomischen Leistungsfähigkeit.

Im Staatsparadigma wird Souveränität verstanden als ausschließliche Gesetzgebungs- und Entscheidungskompetenz, die Voraussetzung für die Erfüllung der Staatsaufgaben wie Sicherheit, Frieden und Wohlstand. Legale und materielle Souveränität sind also gekoppelt. Diese Kopplung wird mit Voranschreiten der Globalisierung prekär. Legale Souveränität reicht allein nicht mehr aus, um die materielle Souveränität auszuüben. Die kosmopolitische Lösung zur Rückerlangung der materiellen Souveränität ist die Abgabe legaler Souveränität der Staaten an das Imperium. Durch die Bündelung und die gemeinsame Ausübung der legalen Souveränität wandelt sich das Negativsummenspiel in ein Positivsummenspiel. Die Steuerungsfähigkeit zur Ausübung materieller Souveränität wird zurückerlangt. Politische Probleme wie z.B. Kriminalität, illegale Migration oder Umweltverschmutzung können durch komplementäre Vorteile im Verbund des Imperiums sehr viel effizienter bearbeitet werden, als jeweils einzeln in den Staaten (vgl. Beck/Grande 2004: 122-124). Das Clubgut des „kosmopolitischen" Imperiums ist somit seine kosmopolitische Souveränität. Die Erbringungslogik dieses Clubgutes sind die Selbstbeschneidung der staatlichen Souveränität und die gemeinsame Ausübung der kosmopolitischen Souveränität mittels konsensualer Governance-Modi. Rivalitäten um das Clubgut sind in diesem Sinne prinzipiell ausgeschlossen. Aus diesem Grund ist das „kosmopolitische" Imperium ein eher inklusiver Club, jedes neue Mitglied stärkt sogar die kosmopolitische Souveränität weiter.

Allerdings formulieren Beck und Grande trotzdem Voraussetzungen zur Mitgliedschaft im kosmopolitischen Club. Dazu gehören die Interdependenzpolitik, der Aufbau von Vertrauenskapital und eine reflexive Selbstbindung. Interdependenzpolitik soll die Logik der Pazifizierung Europas durch wirtschaftliche Verflechtung auf die politische Sphäre übertragen. Konkret bedeutet dies, die Kosmopolitisierung der Staaten durch die intentionale Schaffung politischer Interdependenzen um Kosten nationaler Alleingänge zu erhöhen. Der Staat bindet sich selbst nicht nur an gemeinsames Recht, sondern auch an alle anderen Mitgliedsstaaten. Interdependenz ist auch hier ein Positivsummenspiel, nach dem mit der Erhöhung des Nutzens anderer Staaten auch der eigene Nutzen steigt (vgl. ebenda 2004: 126-128). Reflexive Selbstbegrenzung soll es den Staaten erleichtern, die Kontinuität und Häufigkeit von transformierenden Interaktionen und Interdependenzen als normal zuzulassen. Als Anreize dienen hierzu Machtgewinne, die aus dem Positivsummenspiel der Souveränität und der Interdependenz resultieren. Außerdem kann sich jeder Staat in dem Wissen, dass auch alle anderen Mitglieder den gleichen interaktiven Zwängen und Kontrollen unterliegen, leichter selbst beschränken. Konsensorientierte Entscheidungsmodi verhindern dabei die Marginalisierung der eigenen politischen Position (vgl. Beck/Grande

2004: 129-131). Die wichtigste Bedingung, um Teil des „kosmopolitischen" Imperiums zu werden, ist der Aufbau von Vertrauenskapital. Alle kosmopolitischen Positivsummenspiele können nur bei reziproker Interdependenz funktionieren. Es darf keine hegemoniale Instrumentalisierung der Interdependenzpolitik geben, Abhängigkeiten müssen im Gleichgewicht zueinander stehen. Vertrauenskapital bedeutet deshalb, dass alle Verfahren der Interdependenzpolitik von allen Mitgliedern als fair und gerecht abgesegnet werden müssen und am besten institutionell abgesichert werden sollten (vgl. ebenda 2004: 134-135). Die Beitrittsschranken des „kosmopolitischen" Imperiums sind also nicht der Rivalität um das Clubgut geschuldet, sondern dienen zur Sicherung von dessen Erbringungslogik. Kennzeichnend für diese Erbringungslogik sind Verhandlungen symmetrischer Akteure bzw. die Abkehr von hierarchischen Steuerungsmodi.

Auch Münkler attestiert in seinem Ansatz dem Imperium eine generelle Überlegenheit zur Leistungserbringung des Staates. Er betont, dass Imperien aufgrund ihrer singulären und asymmetrisch überlegenen Stellung in der Lage seien, einzigartige kollektive Güter bereitzustellen. Dazu gehört neben der bereits angesprochenen Rechts- und Friedensordnung bzw. den daraus erwachsenen ökonomischen Vorteilen auch die bessere Befähigung zur Kontrolle von ökonomisch relevanten Strömen. Aufgrund seiner Größe und ökonomischen Prosperität ist das Imperium in der Lage, alle ökonomischen Ströme, wie Kapital-, Arbeitskräfte- oder Handelsströme, weit besser zu kontrollieren und zu reglementieren als ein Staat (vgl. Münkler 2007: 280). Diese Kontrollfunktion bedeutet in erster Linie, Märkte zu etablieren und funktionsfähig zu halten. Verliert das Imperium an dieser Stelle seine Steuerungsfähigkeit, so droht eine zentrale Voraussetzung der asymmetrischen Herrschaftsordnung zu erodieren. Kernprinzip der imperialen Räson ist somit die hierarchische Durchsetzung von Märkten bzw. die Verbesserung deren Funktionsfähigkeit im Bereich der Ökonomie, um seine Überlegenheit zu sichern (vgl. Münkler 2005: 157-160). Die Bereitstellung der imperialen Güter schwächt sich auch hier vom Zentrum in Richtung Peripherie immer weiter ab. Zwar stellt das Imperium seinen Integrationsmodus der Peripherie mit dem Überschreiten der Augusteischen Schwelle von der Ausbeutung auf Investition um, ersetzt also militärische Kontrolle durch kulturelle und zivilisatorische Attraktivität (vgl. Münkler 2007: 276). Trotzdem wird die Peripherie nicht Mitglied im imperialen Club des Zentrums. Die Bereitstellung der Clubgüter Frieden und Wohlstand ist der Minimierung ihrer Herstellungskosten geschuldet. Sie werden zwar partiell als öffentliches Gut auch außerhalb des Zentrums zugänglich gemacht, dieses Vorgehen dient aber der Stabilisierung der Peripherie als Peripherie, nicht einer Symmetrisierung zum Clubbeitritt (vgl.

Münkler 2007: 277-278). Es herrscht also insbesondere um das imperiale Gut des Wohlstands eine starke Rivalität, Münklers Imperium ist in diesem Sinne ein exklusiver Club. Das Kostenminimierungskalkül des Zentrums kommt besonders dann zum Vorschein, wenn Konflikte in der Peripherie ausbrechen. Obwohl die imperiale Mission den Frieden als universal kommuniziert, greift das Imperium dort nur bei der Gefährdung strategischer Güter ein. Ziel der imperialen Räson ist es somit, die Asymmetrie der Herrschaftsordnung nicht durch eine Überdehnung der Problembearbeitungskapazität zu gefährden (vgl. Münkler 2008: 39-40).

Das polyzentrische, „neomittelalterliche" Imperium ist schwer als ein Club mit einheitlichen Clubgütern zu beschreiben. Zielonka betont, dass die Stärken Europas im Pluralismus und seiner Vielfalt liegen. Im Umgang mit dieser Diversität entspricht ein einziger homogener Ordnungsrahmen der inferioren Staatenlösung (vgl. Zielonka 2007a: 300). Aus diesem Grund ist es sinnvoll, das „neomittelalterliche" Imperium EU als Gemeinschaft von mehreren Clubs zu verstehen, repräsentiert durch die Jurisdiktionen der Nationalstaaten. Die imperiale Ordnung ist in diesem Sinne eine Art Dachverband ohne allzu tiefe Eingriffsbefugnisse. Mit dieser Betrachtung folgt man weitgehend den Arbeiten von Charles Tiebout zum Steuerwettbewerb lokaler Gebietskörperschaften (vgl. Tiebout 1956: 416-420). In Tiebouts Modell produziert und finanziert jede Jurisdiktion lokale öffentliche Güter für ansässige Individuen und Unternehmen. Zu diesen Gütern gehören beispielsweise Infrastruktur, Bildungsangebote oder Regulierungen. Das Niveau der angebotenen Güter und die dafür erhobenen Abgaben werden weitgehend autonom von den jeweiligen Mitgliedern festgelegt. Im Wettbewerb haben alle Jurisdiktionen einen Anreiz, die optimale Menge an öffentlichen Gütern bereitzustellen. Ermöglicht wird dieser Wettbewerb durch die Mobilität der Bürger und Produktionsfaktoren. Sie wählen per Migration nach ihren Präferenzen ihr optimales Preis-Leistungs-Verhältnis. In diesem Prozess bildet sich eine Vielzahl lokaler öffentlicher Güterangebote aus.

Zielonkas schreibt dieser neomittelalterlichen Konstellation auf der ökonomischen und politischen Ebene einen wesentlich effizienteren und legitimeren Umgang mit dem Diversitätsinput der Osterweiterung zu (vgl. Zielonka 2006: 69). Dabei sieht er keinen Zielkonflikt zwischen der Erweiterung und dem Ziel einer vertieften Integration, denn bisher brachte jede Erweiterung einen Anstieg an Heterogenität der Staaten mit sich. Trotzdem konnten immer mehr Gemeinschaftslösungen installiert werden. Verantwortlich hierfür sei die Flexibilität der europäischen Ordnung: Zeitliche oder permanente „Opt-Outs", vage Rahmengesetzgebung und der Regulierungswettbewerb der Mitglieder schränken die Autonomie der einzelnen europäischen Clubs kaum ein (vgl. Zielonka 2006: 71). Die Vorteile der relativ hohen Handlungsfreiheit der einzelnen

europäischen Staaten werden ganz im Sinne eines evolutionären, interjurisdiktionellen Wettbewerbs beschrieben: Im Wettbewerb erzeugen alle
Jurisdiktionen verschiedene Policy-Lösungen, welche als Hypothesen für
bessere Politikangebote an die Bevölkerung gesehen werden können. In
der Abwanderungs- bzw. Zuwanderungsreaktion von Individuen und
Unternehmen erfolgt eine Rückmeldung über die Qualität dieser Policy.
Diese Rückmeldung induziert für jeden Staat die Überprüfung der eige-
nen Gesetze, Institutionen und Normen. Lernprozesse kommen darauf-
hin in Gang, die Staaten sind zur Adaption erfolgreicher Policy-
Lösungen gezwungen, um weitere Abwanderung zu verhindern. Der
Wettbewerb zwischen den Jurisdiktionen erzeugt und testet somit par-
allel Hypothesen für Politikangebote und selektiert die erfolgreichsten
Modelle. In einem evolutionären Prozess folgt der Policy-Innovation die
Adaption durch das Gesamtsystem (vgl. Kerber/Vanberg 1994: 193ff.).

Zusätzliche Diversität, wie etwa die Osterweiterung, ist nach dieser Argumentation zu begrüßen, weil sie zusätzliche Innovationen hervorbringt und verbreitet. Die offene und überlappende Struktur des „neomittelalterlichen" Imperiums erleichtert hierbei den schnellen Policy-
Transfer bzw. die Diffusion erfolgreicher Policy. Gemeinschaftslösungen
kommen somit fast automatisch zustande, die Kompromisssuche ist bereits im permanenten Prozess der Hypothesentests erfolgreicher Policy
angelegt (vgl. Zielonka 2006: 71-73).

Analog zum Bereich der Politik werden auch für den Bereich der Ökonomie ähnlich positive Auswirkungen der dezentralen Ordnungsstruk-
tur als europäische Clubgemeinschaft prognostiziert. Für den Umgang
mit zentralen wirtschaftlichen Herausforderungen Europas, wie den
unterentwickelten osteuropäischen Wirtschaftssystemen, dem globalen
Wettbewerb und der zunehmenden Interdependenz zu politisch bzw.
ökonomisch schwachen Nachbarstaaten, wird das Motiv des Wettbewerbs als Effizienzgarant weitergeführt. Die Entwicklung der Volkswirtschaften Osteuropas kann nach Zielonka nur durch den Stimulus des
Wettbewerbsprinzips erfolgen. Nur auf deregulierten Wettbewerbs-
märkten könne Osteuropa seine komparativen Vorteile, wie z.B. niedrige
Löhne ausspielen, um Wachstum zu generieren. Ein einheitlicher europäischer Club wäre der ökonomischen Entwicklung somit viel hinderli-
cher als die flexible Clubgemeinschaft. Zum Beleg dieser These wird der
ineffiziente Aufbau der ostdeutschen Wirtschaft durch zentralstaatliche
Umverteilungslösungen angeführt (vgl. Zielonka 2006: 96-97). Bezüglich
des globalen Wettbewerbs auf den Weltmärkten wird, analog zum interjurisdiktionellen Wettbewerb, die innovationsfördernde Wirkung des
europäischen Binnenmarktes hervorgehoben. Kein Unternehmen kann
es sich leisten, veraltete Produktionsanlagen oder Arbeitsprozesse zu erhalten. Es herrscht ein wachstumstreibender Adaptions- und Investiti-

onszwang. Außerdem finden Unternehmen in der europäischen Club-gemeinschaft je nach ihren Bedürfnissen verschiedene Standortangebote, ohne den gemeinsamen Markt verlassen zu müssen. Die gemeinsame neomittelalterliche Wirtschaftsordnung reglementiert die europäischen Staaten somit so wenig wie möglich. Sie dient hauptsächlich der institutionellen Absicherung der beiden zentralen Funktionsprinzipien Markt und Wettbewerb. Wirtschaftspolitische Eingriffe erfolgen nur zur stärkeren Vernetzung, nicht im Sinne zentraler Eingriffe in den Wirtschaftskreislauf (vgl. ebenda 2006: 103-104). Das Problem der Interdependenz zu schwächeren Nachbarn bearbeitet das „neomittelalterliche" Imperium durch Export von Normen und Governance. Es wird eine partielle Einbindung in Märkte, wie z.B. den Gütermarkt, gewährt, um die Vorteile einer Anpassung an die europäische Ordnung zu kommunizieren (vgl. ebenda: 2006: 110).

Insgesamt beschreibt Zielonka einen eher inklusiven Club, denn es gibt keine direkte Rivalität um ein Clubgut. Trotzdem ist der Beitritt reglementiert. Die beitrittswilligen Staaten müssen einerseits die Regeln des freien Marktes und Wettbewerbs akzeptieren und andererseits bereits so weit sozioökonomisch entwickelt sein, um dem Wettbewerbsdruck standzuhalten.

Zusammenfassend kommen alle neuen Imperiumstheorien zu dem eindeutigen Urteil, dass die zentralen politischen Ordnungsaufgaben Frieden und Wohlstand vom Imperium weitaus effizienter erbracht werden, als es ein Staat je vermochte. Allerdings sind die imperialen Ordnungsmodelle auch immer an Voraussetzungen gebunden, die sich als Achillesferse, Last oder Schwäche entpuppen können. Aus einer Governance-Perspektive beschrieben, offenbaren diese notwendigen Voraussetzungen einige generelle Unterschiede der vier Herrschaftsmodelle. Cooper verweist besonders auf die Kosten, die dem „postmodernen" Imperium entstehen. Militärinterventionen in die Vormoderne verursachen vor allem monetäre Kosten. Die freiwillige und kooperative Einbindung von den Staaten der Moderne verursacht Organisations- und Transaktionskosten (vgl. Cooper 2003: 73). Auch Münkler weist auf monetäre Kosten, die durch Widerstände in der Peripherie verursacht werden, hin, es besteht ein teurer Interventions- oder Investitionszwang. Zudem muss das Imperium eine (militärische) Symmetrisierung anderer Akteure entweder durch eigene technologische Aufrüstung oder durch Niederhalten der Peripherie vermeiden (vgl. Münkler 2007: 278-280). Die Rolle der imperialen Herrschaft zeigt sich in beiden Ansätzen also vor allem als monetäre Last für das Zentrum bzw. die postmoderne Welt, die zur Aufrechterhaltung der Hierarchie jedoch unabdingbar ist.

Im „neomittelalterlichen" Imperium hingegen ist Hierarchisierung nicht Garant der imperialen Herrschaftslogik, sondern deren größte Gefahr.

Mitglieder der EU könnten bei einem Beitritt wie der Osterweiterung auf die durch den verstärkten Wettbewerb verursachten Anpassungslasten mit Desinteresse an mehr Innovation und Leistung reagieren. Die Reaktion der Altmitglieder könnte stattdessen der Aufbau neuer Hierarchien sein, wie besondere Kooperationen im Rahmen des „Kerneuropakonzepts". Hierarchien verhindern somit die Entfaltung des neomittelalterlichen Kernprinzips eines fairen Leistungswettbewerbs. Als prominentes Beispiel führt Zielonka den Stabilitäts- und Wachstumspakt im Rahmen der Gemeinschaftswährung Euro an (vgl. Zielonka 2006: 98; 103).

Beck und Grande sehen als Schwäche des europäischen Integrationsprojekts sogenannte „Deformationen" der EU, welche die vollständige Entfaltung der kosmopolitischen Souveränität verhindern. Die nationale Deformation beschreibt die Verfolgung nationaler Egoismen, z.B. über nationalprotektionistische Kapitalstrategien oder Ausnutzung des Einstimmigkeitsprinzips zur Durchsetzung politischer Bevorzugung des eigenen Staates (vgl. Beck/Grande 2004: 230-231). Es kommt also zu einem Aushebeln der ökonomischen Konkurrenzlogik und der politischen Kooperationslogik durch die Vetoposition einzelner Staatshierarchien. Allerdings wird die Wettbewerbslogik nur für die Ökonomie eingefordert. Interjurisdiktioneller Wettbewerb wird jedoch als ökonomische Deformation der Politik abgelehnt. Diese Deformation äußert sich in Form negativer Integration, der Primat der Ökonomie unterhöhlt den europäischen Klassenkompromiss, den Wohlfahrtsstaat, welcher eine politische Konsensentscheidung europäischer Gesellschaften repräsentiert (vgl. ebenda 2004: 228-229). Während Zielonka den Wettbewerb der politischen Systeme als Innovationsbeschleuniger preist, fürchten Beck und Grande den Wettbewerb als Auslöser „race to bottom" sozialer und regulatorischer Standards. Die Steuerungsmittel Markt und Wettbewerb sollen deshalb durch politische Kooperation auf die Ökonomie begrenzt werden. Kosmopolitische Politik bedeutet in diesem Sinne einen Primat der politischen Verhandlung sowie den Wettbewerb um das bessere Argument.

3.2.3 Imperiale Interventionen

Der Begriff der Intervention verweist in einem weiten Verständnis auf jede Form des Staatshandelns, welches sich auf andere Staaten auswirkt. Um den Begriff von den allgegenwärtigen internationalen Beziehungen abzugrenzen und präziser zu fassen, wird er häufig weiter eingeschränkt. Vertreter eines behavioristischen Ansatzes fügen zwei Bedingungen hinzu. Zum einen ist die Intervention ein klarer Bruch der Beziehungen zwischen Intervenierendem und Interveniertem. Zum anderen zielt die Intervention auf die Änderung einer bestimmten Autoritätsstruktur. Traditionalistische Vertreter betonen hingegen, dass Interventionen immer in einem historischen Kontext gelagert seien. Zu verschiedenen Zeiten waren verschiedene Normen zur Einflussnahme vorherrschend und als legitim angesehen. In diesem Sinne sind Interventionen alle Handlungen, welche die jeweilige allgemeine Norm zur Nicht-Intervention überschreiten. Kombiniert man beide Ansätze, so definiert sich eine Intervention über den Eingriff eine Landes A in das Land B, welcher über das anerkannte Maß der politischen Einwirkung hinausgeht sowie die Absicht hat, B politisch zu beeinflussen (vgl. Daase 1997: 260-261). Das Konzept der Intervention basiert somit maßgeblich auf der Ausgestaltung der Norm der Nicht-Intervention. Im aktuellen internationalen Völkerrecht ist eine solche Normierung vorgenommen. Die Generalversammlung der Vereinten Nationen fordert ein striktes Interventionsverbot: „ Kein Staat und keine Staatengruppe hat das Recht, unmittelbar oder mittelbar, gleichviel aus welchem Grund, in die inneren oder äußeren Angelegenheiten eines anderen Staates einzugreifen. Folglich sind die bewaffnete Intervention und alle anderen Formen der Einmischung oder Drohversuche gegen die Rechtspersönlichkeit eines Staates oder gegen seine politischen, wirtschaftlichen und kulturellen Teileelemente völkerrechtswidrig" (UN-Resolution 2625 1970). Trägt man diesen Normierungsversuch für die Staatenwelt an die neuen Imperiumstheorien heran, so ist der Entzug vom Interventionsverbot eine zentrale Gemeinsamkeit. Der Wechsel von der starren Staatsgrenze zum imperialen Grenzraumkonzept macht allein schon die Unterscheidung zwischen Außen- bzw. Innenpolitik schwer möglich und damit jede Interventionsnorm prekär. Interventionen sind deshalb allgegenwärtiges Herrschaftsmittel des Imperiums. Im Gegensatz zu den Interventionen des Staates sind imperiale Interventionen kein Bruch zu den Beziehungen von Intervenierenden und Intervenierten. Ganz im Gegenteil, markiert doch die Regelmäßigkeit der imperialen Intervention die Normalität in den Beziehungen nach außen.

Die Art und Qualität der imperialen Intervention unterscheidet sich in den neuen Imperiumstheorien jedoch deutlich. Zum Vergleich der Interventionen bietet sich eine Differenzierung nach Zielen und Mitteln an (vgl. Daase 1997: 261). Bei den Mitteln der Intervention wird klassischerweise zwischen gewaltlosen und gewaltförmigen Interventionen unterschieden. Zu den möglichen Zielen einer Intervention gehört die Durchsetzung eigener Interessen, Altruismus und, für das Beispiel EU besonders relevant, die Verbreitung bestimmter Normen. Im Folgenden werden verschiedene Interventionskonzepte vorgestellt und zu den neuen Imperiumstheorien in Bezug gesetzt. Sie werden abgestuft von der stärksten zur geringsten Selbstbeschränkung der Interventionsmittel vorgestellt.

Ein vielfach, insbesondere für die EU, diskutiertes Modell zur Gestaltung von Außenbeziehungen und Intervention ist das Zivilmachtkonzept. Es kombiniert das Ziel der Verbreitung von bestimmten Normen mit der Beschränkung auf zivile Eingriffe nach außen. Werte wie Menschenrechte, Demokratie, Rechtsstaatlichkeit und Minoritätenschutz werden hier als universell kommuniziert und deren Förderung als Ziel jeder Intervention angestrebt. Die Zivilmacht konzentriert sich in diesem Streben auf Verhandlungsdiplomatie. Im Verhandlungsprozess mit seinen Nachbarn setzt die Zivilmacht zwar auch ökonomische oder politische Konditionalitäten ein, jedoch nur gestützt auf der Basis der vertretenen Normen. Die EU, verstanden als Zivilmacht, hat im Rahmen regionaler Kooperation eine besonders starke Verhandlungsposition. Mit dem Angebot zur Aufnahme in den EU-Beitrittsprozess können auswärtige Konfliktparteien ohne Zwang zu „Reformen in vorauseilendem Gehorsam" überzeugt werden. Militärische Macht als Interventionsmittel wird abgelehnt. Zusammenfassend propagiert das Zivilmachtskonzept zur Schaffung von Ordnung die Verantwortung und Selbstbindung gegenüber den eigenen Prinzipien und Normen, anstatt von Machtpolitik (vgl. Pfetsch 2009: 11-16). Ein sehr ähnliches Interventionsgebaren wird im „kosmopolitischen" Imperium angelegt. Es setzt auf die Expansion der kosmopolitischen Werte unter der Bedingung eines klaren Gewalttabus (vgl. Beck/Grande 2004: 112). Das „kosmopolitische" Imperium basiert einerseits auf einer asymmetrischen Herrschaftsordnung, welches ein System der differenzierten Integration mit abgestuften Rechten bzw. Pflichten etabliert. Ein Überordnungsverhältnis des Zentrums wird andererseits aber vermieden, indem versucht wird, die Beziehungen in die Peripherie reziprok zu gestalteten. Dies äußert sich im Verzicht auf Ausbeutungsbeziehungen und einseitige Eingriffe sowie in der Anerkennung als vollwertigen Verhandlungspartner (vgl. Beck/Grande 2004: 116-117). Infolgedessen ist das größte Machtmittel der EU auch die Verweigerung von Beitrittsverhandlungen (vgl. Beck/Grande 2005b: 413). Dieses Machtmittel birgt aber keinen Ausschluss der Nachbarn im Sinne hierarchischer Exklusion. Die Anerkennung der kosmopolitischen Werte gewährt bereits einen partiellen Zugang. „Mitglied Europas, des Europäischen Empires wird man nicht erst durch formale Mitgliedschaft in der EU, Mitglied wird man, indem man sich selbst hineindefiniert" (Beck/Grande 2004: 255). Folglich sind weder Zivilmacht noch „kosmopolitisches" Imperium gezwungen, im Sinne eines abrupten Bruchs nach außen zu intervenieren. Ihre Interventionen sind eher lange Prozesse zur Veränderung der Umgebung, welche aufgrund der Attraktivität der Ordnung keine Zwangsmittel benötigen.

Hinter der Vorstellung, auf schnelle oder tiefgreifende Interventionen verzichten zu können, liegt die Annahme einer relativen Stabilität der

Peripherie. Selbst bei einem Scheitern oder Stocken einer Verhandlung zwischen „kosmopolitischem" Imperium und peripherem Akteur verbleibt ein längerer Zeithorizont zur Lösung gemeinsamer politischer Probleme. Von den restlichen drei Ansätzen zur neuen Imperiumstheorie wird diese Annahme nicht geteilt. Zielonka bescheinigt den meisten EU-Nachbarn eine mangelnde politische und ökonomische Stabilität, welche sich z.B. durch anschwellende Migrationsströme schnell auch auf die EU auswirken kann (vgl. Zielonka 2008: 477). Münkler und Cooper konstatieren sogar eine Desintegration der Ordnung in der vormodernen Welt (vgl. Cooper 2003: 16) bzw. einen Sog nach ordnungschaffenden Eingriffen durch das Machtvakuum der Peripherie (vgl. Münkler 2005: 219). Mit der Konstruktion der Nachbarn als Bedrohung politischer Stabilität werden hier häufige und in den Mitteln tiefgreifendere Interventionen als im Zivilmachtskonzept begründet. Eine solche Variante repräsentiert z.B. eine Konzeption zur Ausgestaltung der europäischen Außenbeziehungen des britischen Außenministers David Milliband. Er fordert die Aufgabe der Beschränkung der Machtmittel wie im Zivilmachtkonzept, aber dennoch den Verzicht auf militärische Macht. Statt auf eine teure Aufrüstungspolitik solle Europa sich auf das institutionalisierte System seiner politischen und ökonomischen Normen verlassen und diese als Machtressource verstehen. In diesem Sinne liege die Zukunft der EU in der Rolle der „Model Power" und nicht in der Rolle als „Superpower" (vgl. Milliband 2007). Aber wie werden die eigenen Normen zum Instrument, um bei Nachbarn intervenieren zu können? Hier kommen die Größe des imperialen Marktes und die Attraktivität des Zugangs zu diesem Markt ins Spiel. Obwohl der Europäische Binnenmarkt stark auf dem Wettbewerbsprinzip aufbaut, ist er gleichzeitig hochreguliert. Politische Normen für Umwelt-, Verbraucher- und Arbeitsschutz regeln maßgeblich die Bedingungen der Produktion von Gütern und Dienstleistungen. Die europäische Wettbewerbspolitik nimmt direkten Einfluss auf Unternehmens- und Marktstrukturen. Zur Machtressource werden diese Normen, wenn sie nach außen unverhandelbar sind und wenn ein Marktzugang nur unter der Bedingung der Einhaltung aller dieser Normen gewährt wird. Ein solcher Normenexport nutzt die Abhängigkeit äußerer Staaten vom imperialen Markt zur indirekten Intervention. Auch direktere Formen der Intervention sind denkbar, etwa wenn der Marktzugang statt an Normen des Binnenmarktes an andere politische Konditionalitäten geknüpft wird (vgl. Laidi 2008: 1-7). Nach denselben Prinzipien konzipiert Zielonka die permanenten Eingriffe des „neomittelalterlichen" EU-Imperiums in seine Umgebung. Die Option militärischer Interventionen wird nahezu ausgeschlossen. Maximal-Peacekeeping-Einsätze der EU seien denkbar, ansonsten sei die strikte Beschränkung auf gewaltlose Mittel in der Außenpolitik zu befolgen. Wenn im Ausnahmefall auf militärische Macht zurückgegriffen werden soll, so sind die multilaterale Organisation dieser Einsätze und die Legitimation durch die Vereinten Nationen eine notwendige Bedingung (vgl. Zielonka 2006: 143; 154). In der unmittelbaren EU-Nachbarschaft sei der Wille zum EU-Beitritt zudem so groß, dass keine militärische Abschreckung oder Ähnliches nötig sei. Der Frieden ist also auch ohne einen militärischen Hegemon stabil (vgl. Zielonka 2007a: 301). Die vorherrschenden Interventionsinstrumente sind somit die ökonomische Dominanz der Normen oder gleich die formelle Eingliederung in das „neomittelalterliche" Imperium. Zu diesem Zweck wird ein umfassender „regulatory imperialism" zum Export von Governance, Normen und Regularien mittels strategischer Strafen und Anreize gefordert (vgl. Zielonka 2008: 474-475). Ziel aller EU-Interventionen ist die Ausdehnung der eigenen Prosperitäts- und Friedenszone. In diesem Sinne werden durchaus auch Investitionen in die Peripherie vorgenommen. Gemeinsame Infrastrukturmaßnahmen zur Verbesserung von Transport-, Energie- und Kommunikationsnetzen dienen als Anreiz, sie sollen Nachbarn möglichst nah an die EU heranführen (vgl. Zielonka 2006: 113). Der Verzicht auf ausbeuterische Praktiken nach außen ist allerdings nicht einer rein altruistischen Interventionspraxis geschuldet. In einer Win-win-Situation profitieren beide Seiten von den Interventionen: Die peripheren Akteure übernehmen die EU-Regularien und -Normen. Sie profitieren von der höheren Effizienz des europäischen Governance-Modells und den imperialen Infrastrukturinvestitionen. Das EU-Imperium profitiert durch die Vergrößerung seines Einflussgebiets und den gleichzeitigen Ausbau der Machtposition seiner Normen. Global bedeutet jede Expansion einen Ausbau der eigenen Wettbewerbsposition bzw. die Verteidigung des europäischen Sozialmodells (vgl. Zielonka 2008: 480-483). Zusammenfassend liegt der Kern der außenpolitischen Agenda des „neomittelalterlichen" Imperiums somit bei der Nutzung ziviler Interventionsmittel. Trotzdem ergeben sich Unterschiede zum Zivilmachtskonzept. Es wird ein viel tiefgreifenderes Interventionsziel ausgegeben: Die europäischen Werte sollen durch gezielte Maßnahmen gefördert und verbreitet werden. Sie werden nach außen nicht langwierig verhandelt, da sie ohnehin als überlegen und universal kommuniziert werden. Trotzdem besteht mit der Selbstbindung der Außenbeziehungen sowohl an die internen europäischen Normen, wie Menschenrechte, Demokratie oder soziale Werte, als auch an das internationale Recht eine Eingrenzung für Interventionen (vgl. Zielonka 2006: 149).

Auch Münkler und Cooper setzen auf den Export imperialer Normen und Investitionen in die Peripherie als präferierten Modus der Intervention. Für das „postmoderne" Imperium ist diese Form der Intervention vor allem ein Versuch, die Staatenwelt der Moderne hin zum postmodernen Sicherheitsparadigma zu transformieren (vgl. Cooper 2003: 87).

Für Münkler dienen die zivilen Formen der Intervention zur Stabilisierung der Peripherie als Absicherung der imperialen Wohlstandszone (vgl. Münkler 2008: 30). Im Zuge dessen kommt es auch hier zu einer Win-Win-Situation. Das Zentrum gewinnt, indem es seine asymmetrische Überlegenheit durch Investitionen in die Peripherie absichert. Eine solche Möglichkeit wäre z.B. die Teilhabe der Peripherie an teuren Sicherheitstechnologien, wie nuklearen Waffen, allerdings ohne den Transfer dieser Technologie. Die Peripherie profitiert durch die bereitgestellte Sicherheit in Form der nuklearen Teilhabe. Sie kann ihre eigenen Mittel konsumieren, anstatt in Sicherheitstechnologien investieren zu müssen (vgl. Münkler 2005: 184-185). Allerdings beschränken sich die Imperiumstheorien von Münkler und Cooper nicht allein auf zivile Mittel. Zur Begründung der Notwendigkeit von Militärinterventionen wird, in Anbetracht des Ordnungsverlusts in der Peripherie, das defensive Motiv des Erhalts der imperialen Ordnung angeführt. Die Notwendigkeit zur Intervention wird von außen herangetragen. In diesem Sinn argumentiert Cooper, dass Gewalt zwar immer ein Scheitern postmoderner Politik sei, die Verteidigung des eigenen Territoriums vor sicherheitspolitischen Bedrohungen aber immer Vorrang genieße. Unter den defensiven Begriff Verteidigung fallen hier auch offensive Militäraktionen und solche mit präventivem Charakter in das Gebiet der vor-modernen Welt. Die Entscheidung zu Militärinterventionen geschieht also nicht unbedingt als defensive Reaktion auf konkrete Ereignisse, sondern unterliegt der imperialen Bedrohungsperzeption (vgl. Cooper 2003: 75-77). Münkler spricht sogar von einem Interventionszwang, also dem Fehlen jeglicher Neutralitätsoption für das Imperium. Einerseits entsteht dieser Zwang aus der Logik zur Aufrechterhaltung der funktionalen Erfordernisse der imperialen Räson. Andererseits zementieren Interventionen die Glaubwürdigkeit der imperialen Ordnung. Durch die Demonstration der imperialen Überlegenheit soll die Bevölkerung der Peripherie von der Sinnlosigkeit ihres Widerstands überzeugt werden (vgl. Münkler 2005: 30). Hinter diesem Interventionsverständnis steckt die Idee eines gerechten Krieges. Anders als im Völkerrecht wird kein Akteur als gleichwertig anerkannt. Es herrscht eine polizeiliche Kriegsvorstellung, bei der die imperiale Armee als Polizei der eigenen Welt agiert (vgl. Münkler 2007: 275). Der Gegner wird also nicht als Kriegspartei gesehen, sondern kriminalisiert. Die imperiale Intervention basiert insofern auf asymmetrischen Rechtsgründen und wird mit überlegenen Kräften geführt (vgl. Münkler 2005: 192). Ein ähnliches Rechtsverständnis gilt für das postmoderne EU-Imperium. Mit dem Vorschlag des sicherheitspolitischen Doppelstandards reserviert Cooper die transparente und kooperative Organisation von Sicherheit exklusiv für die post-modernen Staaten (vgl. Cooper 2002: 4-5). Außerdem wird von der Durchsetzung der postmodernen Normen, z.B. im Rahmen einer humanitären Militärintervention, in der vor-modernen Welt abgeraten. Das Ziel solcher humanitären Aktionen sei zu schwer definierbar und die Durchsetzung zu teuer sowie eventuell verlustreich (vgl. Cooper 2003: 73). Die rationale Variante der Militärintervention hingegen ist die Sicherung strategische Güter für das Imperium, wie z.b. die Erdölversorgung oder das Offenhalten von Handelswegen. Weitreichende Projekte wie das Beenden von Bürgerkriegen und anschließendes „Nationbuilding" wird als potenzielle Überdehnungsgefahr abgelehnt (vgl. Münkler 2005: 234). Im Vergleich zu den vorangegangenen Interventionskonzepten kommt es bei Cooper und Münkler zu einem doppelten Bruch. Die Selbstbindung an eigene, interne Interaktionsnormen, die im imperialen Zentrum bzw. für die postmoderne Welt gelten, wird gegenüber der Peripherie aufgegeben. Zudem bindet sich das Imperium nicht an konkurrierende Rechtsfiguren, insbesondere nicht an das auf Symmetrie beruhende Völkerrecht.

Fasst man die verschiedenen Interventionskonzepte der vier Imperiumstheorien vergleichend aus einer Governance-Perspektive zusammen, lässt sich in der Reihenfolge der Darstellung eine klare Zunahme hierarchischer Koordinationsmodi feststellen. Beck und Grande sprechen sich für Kooperationen als Ergebnis eines Verhandlungskonsenses aus. Der Peripherie wird trotz Unterlegenheit, aus Gründen des kosmopolitischen Respekts, ein hohes Maß an Eigenständigkeit gelassen (vgl. Beck/Grande 2005b: 417). Im „neomittelalterlichen" Imperium bleibt der Peripherie der Zugang zu Entscheidungsmechanismen hingegen verwehrt. Interventionen sind hier gezielte Policy-Transfers. Sie erfolgen unter Ausnutzung der eigenen ökonomischen und politischen Potenz mittels konditionalisierter Hilfen (vgl. Zielonka 2008: 475). Insofern nutzt das „neomittelalterliche" Imperium den „Schatten der Hierarchie", um Kooperationsanreize sowie die Effektivität des Governance-Exports zu steigern (vgl. Scharpf 1997: 197ff.). Münklers und Coopers Interventionskonzepte setzen zwar auch auf den „Schatten der Hierarchie" zur Koordination. Treten hingegen Widerstände gegen die Ordnung auf, wird alternativ gegenüber der Peripherie auf die äußerste Form hierarchischer Koordinierung zurückgegriffen, den Zwang durch militärische Gewalt.

3.2.4 Imperiale Expansion des EU-Imperiums

Im Fall der EU als Imperium lässt sich die Erweiterung um weitere Mitglieder verschieden interpretieren. Aus Sicht der EU stellen Beitritte eine besondere Form der expansiven Intervention in den Grenzraum dar, welche die Neumitglieder näher in Richtung des imperialen Zentrums rückt bzw. Mitglied im polyzentrischen Governance-Netzwerk werden lässt. Aus Sicht der beitrittswilligen Staaten geht es um den Zugang zu den imperialen Clubgütern, der an Bedingungen geknüpft ist. Im Folgenden soll kurz das offizielle EU-Verfahren zur Aufnahme neuer Mitglieder vorgestellt werden. Danach wird die Einordnung der Erweiterungen und des vorlaufenden Prozesses in neuen Imperiumstheorien diskutiert.

In § 49 EUV sind die grundsätzlichen Bedingungen für die EU-Kandidatur und das Verfahren hin zur Mitgliedschaft festgelegt. Antragsberechtigt sind demnach alle europäischen Staaten, welche die in § 6 Absatz 1 EUV dokumentierten normativen Grundlagen der Union erfüllen. Hierzu gehören die Freiheit des Individuums, das Demokratieprinzip, die Achtung der Menschenrechte sowie der Grundfreiheiten und die Rechtsstaatlichkeit. Jeder Antrag wird von der Europäischen Kommission geprüft und dazu eine Stellungnahme abgegeben. Der Europäische Rat entscheidet danach über die Aufnahme von Verhandlungen und Heranführungsverfahren nach dem Einstimmigkeitsprinzip. Übersteht der Beitrittsantrag die Initiativphase, werden in der nachfolgenden Verhandlungsphase weitere Kriterien nachgeprüft bzw. Strategien zu deren Erfüllung zur Implementierung empfohlen. Dabei kommt es zu einer Arbeitsteilung zwischen Rat und Kommission. Die Kommission führt die Verhandlungen, erstellt Berichte und steuert die Heranführungsstrategie. Der Rat trifft die Entscheidungen über die Verhandlungspositionen und die Weiterführung des Prozesses. Verhandlungssache sind die so genannten „Kopenhagener Beitrittskriterien", welche der Europäische Rat 1993 formulierte. Sie erweitern die Kriterien des § 49 EUV um eine umfangreiche Checkliste, welche die Reife zum Beitritt überprüfen soll. Zu den Kopenhagener Kriterien gehört erstens die Stabilität der politischen Institutionen, welche die oben aufgeführten normativen Grundlagen garantieren soll; zweitens eine funktionierende Marktwirtschaft, welche dem Wettbewerbsdruck der EU standhält; drittens die Fähigkeit und Bereitschaft, alle aus der Mitgliedschaft erwachsenen Verpflichtungen zu erfüllen, insbesondere den Rechtsbestand sowie die Ziele der politischen Union und der WWU. Das vierte Kriterium betrifft nicht die Kandidatenländer, sondern die EU selbst. So wird ein Beitritt an die „Absorptionsfähigkeit" der EU, neue Mitglieder aufzunehmen, geknüpft. Im Verhandlungsprozess besteht keine Möglichkeit der Beitrittskandidaten, den bisherigen Status der EU-Verträge zur Disposition zu stellen. Die Übernahme des sogenannten „Acquis communautaire", also aller Rechtsakte der EU und WWU, ist nicht verhandelbar. Inhalt des Verhandlungsprozesses sind somit nur die Strategien zur Übernahme des Acquis sowie Übergangsfristen, bis wann bestimmte Rechtsakte vollständig implementiert sein müssen. Die Entscheidung zur Aufnahme eines Landes trifft der Rat auf Grundlage der Kommissionsberichte nach dem Einstimmigkeitsprinzip. Außerdem muss das Europäische Parlament mit absoluter Mehrheit zustimmen. Mit der Zustimmung der europäischen Legislativorgane endet die Verhandlungsphase. Allerdings muss der Beitritt danach noch im Beitrittsland durch ein Referendum und in allen EU-Staaten nach den jeweiligen verfassungsmäßigen Vorschriften ratifiziert werden (vgl. Wessels 2008: 446-451).

Zielonka bescheinigt der EU-Erweiterungspolitik, der wirksamste Mechanismus zum Governance-Export und damit auch zur neomittelalterlichen Transformation zu sein. Die europäische Nachbarschaftspolitik (ENP) wird als Vorstufe zu diesem Mechanismus betrachtet. Mittels der ENP bietet die EU der Peripherie gegen Hilfszahlungen an, die eigene Ordnung in einem graduellen und konditionalisierten Prozess an die EU anzupassen. Allerdings seien die monetären Anreize dazu, im Anbetracht drohender interner Konflikte z.B. durch Marktliberalisierungen, relativ gering (vgl. Zielonka 2007b: 1-2). Der weiterführende Beitrittsprozess ist zwar auch von einer starken Asymmetrie in den Verhandlungen geprägt und der Reformdruck bzw. die politischen Konditionalitäten noch stärker. Im Gegensatz zur ENP ist das Ergebnis dennoch für beide Seiten ein Gewinn: Den Kontrollzugriffen der EU ist der attraktive Anreiz des Beitritts gegenübergestellt, was sich in den vielen freiwillig gestellten Beitrittsanträgen äußert (vgl. Zielonka 2006: 45-48). Die im Zuge der Beitrittsverhandlungen initiierten Transformationsprozesse werden somit als Handel bzw. Tausch konzipiert. Für die Anpassung an den Acquis communautaire erhält der Beitrittskandidat ein leistungsfähiges Governance-Modell sowie den Zugang zu den europäischen Entscheidungsmechanismen. Die EU erweitert ihren Herrschaftsbereich und damit die imperiale Friedens- und Prosperitätszone, ohne teure Militärkapazitäten zu benötigen (vgl. Zielonka 2008: 475).

Auch Cooper bewertet die Beitrittspolitik positiv. Er betont aber, dass der Beitritt neuer Mitglieder hauptsächlich von deren Willen abhänge, das moderne zugunsten eines post-modernen Sicherheitsparadigmas aufzugeben. Die Integration wird als freiwilliger und kooperativer Transformationsprozess beschrieben, welcher nicht erzwungen werden kann (vgl. Cooper 2003: 78). Ähnlich argumentieren Beck und Grande: Der Beitrittsprozess beinhalte zwar konditionale Eingriffe und hierarchische Vorgaben. Diese Kriterien seien aber rational nachvollziehbar und für einen kosmopolitischen Club Voraussetzung. Zudem werde die Entscheidung des Beitritts im Konsens der Beherrschten getroffen, daher im Konsens aller Staaten der EU sowie des Beitrittskandidaten. Solange der Beitritt nicht zentralisiert bzw. „kosmopolitisch deformiert" und nicht aus politischen Kalkülen getroffen wird, sind auch hier alle Neu- und Altmitglieder gleichermaßen Nutznießer der imperialen Clubgüter (vgl. Beck/Grande 2005b: 413). Als potenzielles Dilemma der eigenen Theorie wird der Zielkonflikt zwischen der kosmopolitischen Expansion und dem gegenläufigen Prinzip der konditionalen Erweiterungspolitik wahrgenommen. Die kosmopolitische Expansion basiert auf dem Versprechen der Inklusion an die Herrschaftsunterworfenen, die Erweiterungspolitik erfordert hingegen die Exklusion all derer, die sich den kosmopolitischen Handlungslogiken versperren. Insofern ist auch der der kosmopolitische Club limitiert, denn das „Öffnen von Grenzen erzwingt das Schließen von Grenzen" (vgl. Beck/Grande 2004: 389).

Münkler sieht in den Erweiterungsrunden der EU eine Strategie zur Symmetrisierung peripherer Akteure. Diese Strategie stoße allerdings mit der Vollendung der Osterweiterung zunehmend an ihre Grenzen. Demnach würden weitere Erweiterungsrunden die politische Problembearbeitungskapazität und ökonomische Leistungsfähigkeit gefährden, weil zu hohe Investitionen in Richtung Peripherie getätigt werden müssten. Mit anderen Worten würden die Neumitglieder kaum Beiträge für den imperialen Club erbringen, aber massive Kosten verursachen, was eine Überdehnung des Imperiums impliziere. Die Bereitschaft der EU, noch mehr Neumitglieder aufzunehmen, erscheint hier als altruistische Tat im Sinne der imperialen Mission, welche aber der Räson widerspricht (vgl. Münkler 2004: 1462-1464).

3.3 Imperiale Legitimationsargumente

Die Frage der Angemessenheit einer politischen Herrschaftsform ist für die neuen Imperiumstheorien, wie für jede andere politische Ordnung, von zentraler Bedeutung. Der Begriff der Legitimität verweist auf eben jene normative Frage der richtigen und guten politischen Ordnung. Gestellt wird diese Frage insbesondere von den Herrschaftsunterworfenen. In diesem Sinn bedeutet Legitimität auch Rechtmäßigkeit der Herrschaft vor den Beherrschten. Eine zentrale Voraussetzung jeder legitimen Ordnung ist somit die freiwillige Zustimmung der Herrschaftsunterworfenen bzw. deren Legitimitätsglaube (vgl. Westle 1989: 21-22; 28). Folglich ist die primäre Herausforderung für die Konstitution einer stabilen politischen Ordnung die permanente Rechtfertigung der eigenen Herrschaft durch verschiedene Legitimationsargumente. Hierbei wird auf Sachverhalte verwiesen, die eine Verpflichtung erzeugen, herrschaftliche Gebote und Verbote zu befolgen. Die Bindung an solche Verpflichtungen muss auch dann gelten, wenn sie den Interessen der Beherrschten entgegenläuft, und selbst dann, wenn keine Sanktion bei einer Zuwiderhandlung zu erwarten ist (vgl. Scharpf 2005: 706). Zusammenfassend lässt sich konstatieren: „Jedes Regime oder System politischer Herrschaft benötigt ein Mindestmaß an Anerkennung, um (effektiv) zu funktionieren" (Blatter 2007: 271).

3.3.1 Legitimation zwischen Partizipation und Effizienz

In Europa hat sich die Demokratie als dominante Legitimitätsidee durchgesetzt. Herrschaft ist hier als Ausdruck kollektiver Selbstbestimmung legitimiert. Demokratische Herrschaft verbindet spezifische Wertüberzeugungen und Grundnormen mit konstitutiven Verfahren zur politischen Entscheidungsbildung. Inhaltlich legen westliche Demokratien für die Herrschaftsunterworfenen verschiedene Rechte als Maßstab für Legitimität fest. Dazu gehören erstens die Garantie allgemeiner Sicherheits- und Freiheitsrechte, zweitens die Akzeptanz persönlicher Freiheitsrechte und drittens die Gewährung einheitlicher politischer Teilhaberechte (vgl. Westle 1989: 22-24). Allerdings lassen sich auch Unterschiede in der Schwerpunktsetzung demokratischer Legitimationsargumente feststellen. Nach Max Webers Vorstellung wird Legitimität durch die Übereinstimmung von politischer Herrschaftsausübung mit den bestehenden Gesetzen, insbesondere der Verfassung, erzeugt. Die Verfassung enthält zwar nicht nur prozessuale Regeln, sondern auch substanzielle Normen, welche über unabhängige Gerichte garantiert werden. Trotzdem betont dieses Konzept hauptsächlich formale Regeln zur Formulierung des Volkswillens als Legitimationsbasis. Angelsächsische Ansätze betonen hingegen die politische Legitimation vor den Bürgern über starke Partizipations- sowie Kontrollmöglichkeiten durch Abstimmungen und Wahlen. Zusätzlich soll ein institutionalisiertes System der „Checks und Balances" einen Bruch demokratischer Normen verhindern. Kollektivistische Ansätze argumentieren eher materialistisch und führen die Sicherung von Wohlstand und sozialer Gleichheit als Basis für die Legitimität eines politischen Systems an (vgl. Blatter 2007: 272-273). Eine moderne Diskussionslinie über politische Legitimität setzt die politischen Verfahren zur Entscheidungsfindung ins Verhältnis zur Leistungsfähigkeit politischer Herrschaft. Hierbei werden zu analytischen Zwecken zwei komplementäre Legitimationsargumente unterschieden. Die input-orientierte Perspektive repräsentiert die „Herrschaft durch das Volk": Politische Entscheidungen sind dann legitim, wenn die Präferenzen der Beherrschten festgestellt und umgesetzt werden. Die output-orientierte Perspektive verweist auf die allgemeinwohlorientierte Problemlösungsfähigkeit politischer Ordnungen oder „der Herrschaft für das Volk". Politische Legitimität erwächst hier aus der Fähigkeit, Probleme zu lösen, die kollektiv gelöst werden müssen und nur politisch zu lösen sind (vgl. Scharpf 2005: 709-712). Beide Perspektiven sind an Voraussetzungen geknüpft.

Input-orientierte Legitimation muss nach den Prinzipien der Partizipation und des Konsens erfolgen, um die Präferenzen der Beherrschten nicht zu verletzen. Die Herrschaft der Mehrheit bzw. demokratischer Mehrheitsentscheidungen ist ein zentrales Problem dieser Perspektive, denn die Mehrheitsregel erlaubt die Unterdrückung der Minderheit. Zur Begründung der Gehorsamspflicht im input-orientierten Ansatz muss die Minderheit deshalb in den guten Willen der herrschenden Mehrheit vertrauen können. Dies setzt die Gemeinschaft von Minderheit und Mehrheit in Form einer kollektiven Identität voraus. Erst die reale Gemeinschaftsorientierung lässt die Mehrheitsregel erträglich werden. Input-orientierte Legitimation erfordert also hohe institutionelle Anforderungen, was die Reichweite dieses Ansatzes begrenzt.

Outputorientierte Legitimation beruht auf institutionellen Normen und Anreizmechanismen zur Verfolgung von zwei konkurrierenden Zielen. Erstens soll der Missbrauch von Macht in Form der Bereicherung der Herrschenden verhindert werden. Zweitens sollen Problemlösungen effektiv erleichtert werden. Dies erfordert die gemeinschaftliche Teilung von Kosten und Nutzen aller politischen Maßnahmen nach einer überzeugenden Norm. Die weiteren Anforderungen des output-orientierten Ansatz sind aber weniger anspruchvoll: Gemeinsame Interessen, die einen gemeinsamen kollektiven Handlungsrahmen rechtfertigen, reichen für die Förderung des Allgemeinwohls. Die Reichweite dieses Ansatzes definiert sich nicht über die kollektive Identität, sondern über die Probleme bzw. funktionalen Kriterien zu deren Lösung. Es ergibt sich also die Möglichkeit der Legitimation von Politik trotz überlappender oder hierarchisch gegliederter Identitäten (vgl. Scharpf 1999: 17-21). Im optimalen Fall ergänzen sich die beiden Legitimationsargumente. Allerdings wirken nicht in jedem Fall input- und outputorientierte Legitimationsstrategien komplementär zueinander. Besonders bei Nullsummenkonflikten können die Lasten einer Entscheidung nur schwer gerecht nach dem Pareto-Kriterium verteilt werden. Zudem kann eine inputorientierte Politisierungs- und Demokratisierungsstrategie von politischen Entscheidungen ihre Effizienz und damit auch die Output-Legitimität schmälern. Dies gilt natürlich auch für den umgekehrten Fall. Als häufiges Beispiel, das die Abträglichkeit erhöhter Partizipationsmöglichkeiten für die Legitimation demonstriert, wird die Unabhängigkeit der Geldpolitik angeführt. So galt die von politischen Einflüssen unabhängige Bundesbank aufgrund der Möglichkeit der einseitigen Konzentration auf die Geldwertstabilität als außerordentlich effektiv und gut legitimiert, während bei Zentralbanken, die stärker von politischen Entscheidungen abhängig sind, eher das Gegenteil der Fall ist (vgl. Göler 2009: 5-7). Input- und output-orientierte Legitimationsstrategien stehen somit oftmals in einem Spannungsverhältnis. Jede politische Ordnung muss sich für eine spezifische Kombination der Legitimationsstrategien entscheiden.

Auch die EU nimmt eine solche Einteilung vor. Die Verfahren der Input- und Output-Legitimierung sind auf spezifische Ebenen verteilt. Die

Möglichkeiten demokratischer Partizipation verbleiben weitgehend auf nationaler Ebene, weil hier die Voraussetzungen der gemeinsamen Identität gegeben sind. Dem EU-Parlament fehlt diese gemeinsame Identität. Es spielt deshalb, im Vergleich zu nationalstaatlichen Gesetzgebungsverfahren, nur eine eingeschränkte legislative Rolle. Inputorientierte Legitimierung auf EU-Ebene verläuft deshalb indirekt über die Regierungen im EU-Rat, welche wiederum durch die nationalen Parlamente legitimiert sind. Die Output-Legitimierung erfolgt auf der übergeordneten europäischen Ebene. Mit der Übertragung bestimmter Politikfeldkompetenzen werden Problemlösungskapazitäten zurückerlangt, die dem Staat im Globalisierungsprozess verloren gehen (vgl. Göler 2009: 7-9). Im Folgenden sollen die Legitimationsargumente der neuen Imperiumstheorien gegeneinander abgegrenzt werden. Dabei zeigt sich, dass die jeweilige Kombination von output-orientierten und input-orientierten Verfahren in jeder Theorie verschieden austariert ist.

3.3.2 Mechanismen der imperialen Legitimation

In alle neuen Imperiumstheorien wird die unter Gliederungspunkt 3.2.2. dargestellte imperiale Zone des Friedens und der Prosperität als wesentlicher output-orientierter Legitimationsmechanismus angeführt. Unterschiede ergeben sich vor allem in der weiteren Schwerpunktsetzung. Die Ansätze von Münkler und Cooper plädieren für das Beibehalten einer einseitig output-orientierten Legitimationsstrategie. Beck, Grande und Zielonka stehen für das Austarieren der output-orientierten Legitimation durch neue Input-Mechanismen.

Im Konzept des post-modernen Imperiums werden keine besonderen Legitimationsprobleme der eigenen Herrschaftsordnung thematisiert. Militärinterventionen erfolgen rein defensiv und sind im Sinne der Friedenssicherung legitim (vgl. Cooper 2003: 18). Die zivile Intervention bzw. die Einbindung der Nachbarn in gemeinsame Institutionen legitimiert sich über den gemeinsamen Nutzen und die freiwillige Teilnahme aller Mitglieder an diesen Arrangements (vgl. ebenda 2003: 71). Eine input-orientierte Demokratisierungsstrategie für den post-modernen Verbund wird als sehr schwierig angesehen, weil demokratische Partizipation an nationale Institutionen und Identitäten gebunden sei (vgl. ebenda: 32). Insgesamt wird somit für eine Beibehaltung des Status quo der Verteilung der Legitimationsverfahren zwischen Staat und übergeordneter Ebene plädiert und dieser Zustand als ausreichend dargestellt.

Auch Zielonka sieht in seiner Konzeption bei den output-orientierten Mechanismen imperialer Herrschaft keinen besonderen Rechtfertigungsbedarf. Das „neomittelalterliche" EU-Imperium legitimiert sein Interventions- und Expansionsstreben mit der normativen Aufladung der eigenen Governance-Struktur. Es wird der Anspruch vertreten, die

Werte der EU seien „richtig und gut", weil sie das effizienteste Modell ökonomischer und politischer Integration ermöglichen (vgl. Zielonka 2008: 475). Die polyzentrische Clubgemeinschaft bietet zusätzlich eine besondere Form der Legitimation. Nach Hirschmann hat der Bürger in Demokratien zwei Optionen: erstens die Möglichkeit des Widerspruchs bzw. der demokratischen Partizipation mit dem Versuch der Änderung der Ordnung nach den eigenen Präferenzen; und zweitens die Möglichkeit der Abwanderung, welche den Wechsel in eine andere Jurisdiktion ermöglicht (vgl. Hirschmann 1974: 17ff.). Die dezentrale neomittelalterliche Governance-Struktur in Verbindung mit dem interjurisdiktionellen Wettbewerb limitiert zwar die Widerspruchsoptionen, jedoch erleichtern die offenen Grenzen das „voting by the feet" enorm. So ist es dem Individuum im neomittelalterlichen Szenario möglich, durch Abwanderung direkt die Ordnung seiner Präferenz zu wechseln, ohne langwierige politische Prozesse abwarten zu müssen (vgl. Zielonka 2006: 183). Bei den input-orientierten Mechanismen werden mehrere Probleme diagnostiziert, welche traditionelle demokratische Verfahren mit dem „neomittelalterlichen" Imperium unvereinbar machen. Zum einen lassen die Dezentralität des Systems und die in ihrer Reichweite sowie Funktion flexiblen Arrangements keine klare Allokation der Kompetenzen erkennen. Die EU erscheint eher als Konzentrations- und Filterpunkt zwischen länderbasierten Institutionen und politischen Prozessen. Diese Struktur ist sehr output-effizient. Sie ermöglicht aber keine repräsentative Demokratie mit Mehrheitsentscheidungen, weil ein konstanter gemeinsamer „demos" sowie eine kollektive Identität fehlen (vgl. ebenda 2006: 120-125). Zum anderen wird demokratischer Konstitutionalismus nach dem Gebot der Verfahrenslegitimität prekär. Die Entscheidungsprozesse in der EU sind durch Verhandlungen auf vertikaler und horizontaler Ebene geprägt. Es wird bereits ein Konsens vor jeder Mehrheitsabstimmung angestrebt. Eine strikte Gewaltenteilung wird somit nicht mehr praktiziert (vgl. ebenda 2006: 126-129). Zur Stärkung der input-orientierten Legitimation sollen deshalb neue, dem „neomittelalterlichen" Szenario angepasste, Mechanismen eingeführt werden. Einerseits soll das Prinzip der Deliberation neben das Prinzip der Repräsentation gestellt werden. Die Konsensfindung im Sinne der Beratung und Konsultation mit den Betroffenen einer politischen Maßnahme soll die Verfahrenslegitimität wieder stärken (vgl. Zielonka 2007a: 297). Parallel soll das Prinzip der Kontestation negative Externalitäten aus Insiderverhandlungen für Dritte verhindern. Konkret soll ein allgemeines Recht zur Anfechtung von EU-Entscheidungen bei einer Benachteiligung eingeführt werden (vgl. ebenda: 306).

Im Entwurf des „postimperialen" Imperiums wird insgesamt ein sehr hoher Legitimationsbedarf ausgewiesen. Die großräumige Ausdehnung der Herrschaftsordnung und das starke Machtgefälle zwischen Zentrum und Peripherie setzen das Imperium unter einen anhaltenden Rechtfertigungsdruck. Legitimationsprobleme tauchen besonders in der Peripherie auf, weil hier das Moment der Herrschaft spürbar wird, während gleichzeitig kaum Partizipationschancen bestehen (vgl. Münkler 2005: 127). Das Imperium begegnet dieser Herausforderung mit einer zweigleisigen Legitimationsstrategie. Wie bereits ausgeführt, ist die imperiale Leistungsfähigkeit zur Herstellung von Frieden und Wohlstand der Staatenordnung überlegen. Die Bereitstellung der imperialen Clubgüter wird aber nicht allein zur Rechtfertigung nur angeführt, sondern zusätzlich normativ aufgeladen. Es kommt zu einer normativen Kontrastierung von Zentrum und Peripherie. Das Zentrum verpflichtet sich hierbei zur imperialen Mission. Sie ist die wichtigste Legitimitätsressource des Imperiums und inhaltlich als „weltgeschichtliche Aufgabe" oder als „höherer normativer Zweck" formuliert. Die Mission dient als Selbstbindung und Rechtfertigungsfolie imperialer Politik. Für die Eliten des Zentrums ist sie zugleich Autosuggestion zur Fortführung des imperialen Projekts. In diesem Sinne bedeutet Mission eine Selbstverpflichtung gegenüber der Peripherie, welche sich nicht allein über materielle Interessen begründen lässt (vgl. Münkler 2007: 274). Zu beachten bleibt natürlich, dass die Mission immer in Spannung zur Räson steht. Das normative Sendungsbewusstsein im Zentrum steht im Konflikt zu sicherheitspolitischen und ökonomischen Funktionsimperativen. Auch die Peripherie erfährt eine normative Besetzung. Im sogenannten „Barbarendiskurs" wird sie diskursiv als Gegenstück zur imperialen Mission konstruiert. Der imperiale Grenzraum ist somit über jene Werte gekennzeichnet, die das Imperium zu überwinden sucht, und so gesehen ein normatives Schlachtfeld. In Anbetracht des normativen Konflikts rechtfertigt das Imperium seine Ordnung und insbesondere seine Interventionsbestrebungen. Bei radikalen Brüchen der imperialen Normen, wie z.B. einem ethnischen Genozid oder Terrorismus, ist sogar militärische Gewalt als zivilisierende Kraft legitimiert (vgl. Münkler 2005: 150-151). Zusammenfassend setzt das „postimperiale" Imperium somit auf rein outputorientierte Legitimationsverfahren. Begründet wird diese einseitige Ausrichtung mit der Einschränkung imperialer Handlungslogiken durch demokratische Verfahren und Normen. Den unterlegenen Herrschaftsempfängern der Peripherie wird deshalb die Partizipation von vornherein verwehrt. Aber auch die demokratische Öffentlichkeit des Zentrums birgt potenziell Probleme. So ist der Zeithorizont demokratischer Herrschaft über den Wahlturnus determiniert, während Imperien eher an längerfristigeren Ordnungslösungen interessiert sind. Aus diesem Grund sind imperiale Projekte zur Stabilisierung der Peripherie, seien es verlustreiche Militärinterventionen, seien es teure Investitionen, nur schwer gegen die Bevölkerung durchzusetzen. Der Wähler lehnt

Einschnitte für sich zur Finanzierung dieser Maßnahmen ab, ohne die langfristigen Kosten eines Ordnungsverlusts zu erwägen (vgl. Münker 2005: 240-244). Außerdem beschränken die internen Kontrollmechanismen demokratischer Herrschaft sowie die demokratischen Werte als Teil der imperialen Mission die Zwangsmittel imperialer Politik. Die imperiale Räson wird zu Gunsten der Selbstbindekraft der Mission beschnitten (vgl. ZF Interview 2006: 3). Zwar schließen sich demokratische und imperiale Herrschaft nicht zwingend aus, sie limitieren sich aber zumindest gegenseitig.

Im Ordnungsentwurf von Beck und Grande ist das „Positivsummenspiel der Souveränität" nicht nur ein output-orientiertes Legitimationsargument, sondern sogar ausschlaggebender Grund zur Konstituierung des „kosmopolitischen" Imperiums. Als spezifisches Problem werden hingegen die input-orientierten Legitimationsargumente thematisiert. Diese werden vor dem Hintergrund des „Demokratiedefizits" der EU diskutiert. Ein erstes Defizit aus dieser Perspektive ist die Übertragung von vorher staatlichen Hoheitsrechten auf die supranationale Ebene. Nationale Parlamente mit starker Input-Legitimation werden entmachtet, während auf EU-Ebene vergleichbare Mechanismen fehlen. Zweitens durchschneiden Mehrheitsentscheidungen auf der supranationalen Ebene die spezifische input-orientierte Legitimationskette, welche von den nationalen Parlamenten über die Regierungen auf die supranationale Ebene verläuft. Drittens sind die Kompetenzen und Verantwortlichkeiten im EU-System stark fragmentiert und zudem erfordert die „variable Geometrie" der EU-Institutionen oftmals gestufte Beteiligungsformen (vgl. Göler 2009: 9-12). Analog zu Zielonka wird aus diesen Defiziten der Schluss gezogen, dass eine Parlamentisierungsstrategie nicht ohne weiteres auf die EU anzuwenden sei. Stattdessen werden vier alternative, input-orientierte Legitimationsstrategien entwickelt:

- Die Interventionsstrategie zielt auf die Substitution repräsentativer durch partizipative Demokratieformen. Jedem Bürger eines europäischen Staates soll die Möglichkeit eingeräumt werden, auf direktdemokratischem Weg Einfluss zu nehmen. In der praktischen Umsetzung wäre dies über europäische Referenden möglich, welche an spezifische Bedingungen geknüpft sind. Der gesamteuropäische Charakter eines Referendums könnte über Mindestquoten für die Initiative erreicht werden, also eine Mindestanzahl von Bürgern und Herkunftsländern. Ein Missbrauch durch nationale Politik ließe sich durch die freie Themenwahl und das ausschließliche Initiativrecht für Bürger bekämpfen (vgl. Beck/Grande 2005a: 1094-1095).

- Die Inklusionsstrategie adressiert die äußeren Ringe der Herrschaftszone. Während bei Münkler die Peripherie von Entschei-

dungen kategorisch ausgeschlossen wird, versucht das „kosmopolitische" Imperium die ungleichen Beteiligungschancen abzumil-
dern. Hierzu sollen Anhörungs- und Beratungsverfahren zwischen
den inneren und äußeren Herrschaftszonen institutionalisiert und
somit zum permanenten Einflussfaktor auf die EU-Politik werden
(vgl. Beck/Grande 2004: 354-355).

• Die Strategie zur Anerkennung von „Andersheit" soll bewahrens-
werte Differenzen erhalten, die durch die Mehrheitsregel bedroht
sind. Insbesondere strukturelle Mehrheiten schädigen die input-
orientierte Legitimationskette, somit werden politische Konflikte
verschärft und die generelle Integrationsbereitschaft von Minderheiten gefährdet. Aus diesem Grund soll die Mehrheitsregel durch
das Konsensprinzip ergänzt werden. Kleinere Gruppen erhalten
ein qualifiziertes Vetorecht. Bei weitreichenden Entscheidungen
soll die Entscheidungsregel vorher, jedes Mal neu im Konsens festgelegt werden (vgl. Beck/Grande 2005a: 1096-1097).

• Die Strategie der Kontrolle beinhaltet das Prinzip für kosmopolitisches Institutionen-Design. Nach dem „Balance of Power"-Prinzip
sollen die europäischen Institutionen in ihren Kompetenzen und
Ressourcen symmetrisch stark ausgestattet sein. Starke Interdependenzen und das Machtgleichgewicht sollen eine effektive gegenseitige Kontrolle ermöglichen. Deshalb darf auch keine Institution unabhängig außerhalb des Systems stehen (vgl. Beck/Grande
2004: 358-359).

Zusammenfassend wollen die beiden Autoren ein Gleichgewicht zwischen input- und output-orientierten Legitimationsmechanismen für die
EU-Ebene erreichen. Blockaden und Zielkonflikte zwischen beiden Legitimationsstrategien sollen durch neue input-orientierte Mechanismen
aufgelöst werden.

3.4 Normative Implikationen der neuen Imperiumstheorien

Als Zusammenfassung für die vorhergehenden Abschnitte wird nun ein
Zwischenfazit über Herrschaft und Regieren in den neuen Imperiumstheorien gezogen. Welche Intention und normative Stoßrichtung lässt
sich identifizieren? Um diese Frage zu beantworten, werden nochmals
ausgewählte Maßnahmen, die akut für den Wechsel zu einer imperialen
Ordnung empfohlen werden, diskutiert.

Zu einer ersten Einordnung der neuen Imperiumstheorien kommt man
mit der Unterscheidung von Robert Cox zwischen der Kritischen- und
der Problem-Lösungs-Theorie (vgl. Cox 1998: 32-35). Nach der gemeinsamen Kritik und Abgrenzung von den Ordnungskategorien Staat, Im-

perialismus und Hegemonie ist man vielleicht geneigt, alle vier Ansätze als kritische Theorien zu betrachten, weil historisch erfolgreiche Weltordnungsentwürfe hinterfragt und deren jeweiliger Handlungsrahmen kritisiert werden. In diesem Fall wären sie neben „Empire" von Hardt und Negri einzuordnen. Die Entwürfe zu Governance- und Legitimationsstrategien des Imperiums zeigen aber eindeutig, dass es den Autoren im Grunde um das Design besserer politischer Institutionen und Beziehungsarrangements geht mit dem Ziel, Störungsursachen der politischen Ordnung zu beseitigen. Die Grundlagen der europäischen Herrschaft werden nicht hinterfragt, sondern es werden politische Eliten für Reformentscheidungen beraten. In diesem Sinne sind die neuen Imperiumstheorien eindeutig Problem-Lösungs-Theorien. Daran anschließend lassen sich zwei kohärente Motive über den normativen Charakter einer (zukünftigen) europäischen Ordnung identifizieren, welche die Autoren postulieren.

3.4.1 Imperiale Räson unter dem Primat der Politik

Münklers und Coopers vorrangige Empfehlungen für die EU zielen hauptsächlich auf die außenpolitische Dimension. Für die GASP und ESVP wird die Weiterentwicklung zum Stabilisierungsinstrument der Peripherie gefordert, insbesondere für den Mittelmeerraum. Die Bandbreite ziviler Interventionsmittel der GASP wird als ausreichend bewertet. Konkret soll der Fokus deshalb auf der Entwicklung eigener militärischer Kapazitäten und Fähigkeiten liegen. Diese sollen die EU in die Lage versetzen, gewaltsame Interventionen unabhängig von den Vereinigten Staaten durchzuführen. Hierzu gehört insbesondere eine stärkere Vergemeinschaftung der Sicherheitspolitik, eine gemeinsame Militärstrategie und eine funktionale Hierarchisierung der militärischen Entscheidungsstrukturen (vgl. Cooper 2003: 165 bzw. Münkler 2005: 246-252). Begründung findet diese Politik in den von starken Asymmetrien geprägten EU-Außengrenzen. Militärinterventionen sind ein wichtiger Baustein zum Management dieser Asymmetrie, selbst wenn sie nur als Drohkulisse dienen (vgl. Münkler 2005: 253). Neben dieser funktionalen Erklärung der militärischen Erweiterung von EU-Außenpolitik unternimmt Cooper mit dem sicherheitspolitischen Doppelstandard den Versuch, Interventionen zum Zweck der Bedrohungsabwehr als Legitimationsargument einzuführen. Ob jener Versuch gelingen kann, ist zweifelhaft, denn zu objektivieren ist eine Bedrohungslage nie, sie liegt immer im Interpretationsspielraum derer, die sich bedroht fühlen. Von juristischer Seite wird deshalb der Vorwurf erhoben, dass Coopers Konzept für präventive Interventionen einsteht, welche gleichzeitig einen Bruch des gültigen Völkerrechts darstellen (vgl. Carty 2005: 144). Die Militärintervention wird bei beiden Autoren immer als defensive Reaktion dargestellt, niemals als offensive Aktion. Es herrscht ein Zwang zu intervenieren. Nach diesem Aktions-Reaktions-Schema folgt die Militärintervention immer als Antwort auf Eskalationen in der Peripherie, ohne die Rolle des Zentrums und andere Eskalationsmechanismen zu hinterfragen (vgl. Crome 2008: 116-117).

Die Ignoranz des Völkerrechts, funktionelle Doppelstandards und der Interventionszwang sind nicht nur das Ende der Gleichbehandlung anderer Akteure, sondern schädigen auch die Glaubwürdigkeit des Imperiums und das Gerechtigkeitsempfinden der Peripherie (vgl. Münkler 2007: 281). Solche normativen Kosten der Herrschaft werden aber im Zuge der Selbsterhaltung eingegangen. Moralische Glaubwürdigkeit, insbesondere in der Peripherie, erleichtert zwar die imperiale Herrschaft, weil sie als Machtressource eingesetzt werden kann, sie wird aber nie Maßstab der imperialen Politik selbst (vgl. Münkler 2005: 34). Eine normative Bindung oder rechtliche Voraussetzungen zur Durchführung von Interventionen lassen sich somit nicht ausmachen.

Beim Ziel der Selbsterhaltung folgt das „postimperiale" wie das „postmoderne" Imperium einem Primat der Politik, nicht einem Primat des Rechts. Nach diesem Konstrukt, wie es z.B. Carl Schmitt postuliert, gilt: „Der Begriff des Staates setzt den Begriff des Politischen voraus" (Schmitt 1932: 20). Letztendlich kann nämlich nur physische Gewalt bzw. das Gewaltmonopol Recht in Kraft setzen. „Behind every law is a policeman ready in the last resort to employ physical force. Behind every constitution stands an army ready to protect it" (Cooper 2003: 161). Es existiert also eine Rangfolge, bei der die Geltung des Rechts klar unter den politischen Handlungen steht, die zur Konstituierung des Rechts erforderlich sind. Daraus folgt für das Imperium, dass die Selbstbindung des Rechts bzw. imperialer Normen, und sei es sogar das Friedensversprechen, den politischen Imperativen der Selbsterhaltung und den imperialen Handlungslogiken untergeordnet ist. Im Zweifelsfall ist die imperiale Mission also sekundär. Die Rolle des Rechts ist weniger eine Hürde, sondern eher ein Mittel der imperialen Exekutive. Dies gilt in gleicher Weise bezüglich des Einsatzes von Gewalt. Der berühmte Satz des Generals von Clausewitz, „Der Krieg ist eine bloße Fortsetzung der Politik unter Einbeziehung anderer Mittel", bleibt gültig (Clausewitz 1980: 20).

Mit dem Selbsterhalt als leitendes Prinzip politischen Handelns stellen sich Münkler und Cooper in eine frühe Tradition der Denkfigur „Staatsräson", welche nur wenige oder keine Restriktionen der Politik kennt (vgl. Meinecke 1924: 31ff.). Im Unterschied zum Staat richtet sich das Autonomiestreben der Räson aber nicht mehr auf das Niederwerfen von äußeren Rivalen, denn das Imperium besitzt bereits die größtmögliche Autonomie nach außen. Die imperiale Räson markiert das Streben, die

Erosion jener Autonomie in der auslaufenden Herrschaftszone mit allen Mitteln zu verhindern. Dieser Impetus scheint Cooper und Münkler bei der EU bisher zu fehlen.

Bei der Konstruktion seiner „postimperialen" Imperiumstheorie scheint Münkler sogar ganz einer Argumentationslinie Nicolo Machiavellis zu folgen, welche er in seiner Dissertation beschrieben hat. Machiavelli formulierte seine politische Theorie vor der Erfahrung des Zusammenbruchs des Gleichgewichtssystems italienischer Staatstaaten und einem einhergehenden Ordnungszerfall durch die Intervention äußerer Mächte. Zur Überwindung dieses Zustands fordert er den italienischen Einheitsstaat (größerer Ordnungsrahmen), eine Reform des Militärwesens (asymmetrisch überlegene Militärmacht) und die Loslösung der Politik von moralischen Geboten (Räson) (vgl. Münkler 1985: 352ff.). Ganz ähnliche Forderungen sind in der „postimperialen" Imperiumstheorie für ein EU-Imperiums zumindest implizit angelegt.

3.4.2 Multi-Level-Governance unter dem Primat demokratisch legitimen Rechts

Auch Beck, Grande und Zielonka beschäftigen sich implizit mit der Idee des Selbsterhalts, welche als kontextunabhängige Metastrategie jeder politischen Ordnung für die Staaten der EU relevant ist. Hierzu gehört auch die Auseinandersetzung mit einer modernen Definition von Staatsräson, wie sie z.B. Dieter Wolf gibt: „Die neue Staatsräson tritt heute als das strategische Interesse nationalstaatlicher Regierungen an einem möglichst großen eigenen Handlungsspielraum sowohl (...) im Umgang mit den anderen Akteuren der Staatenwelt als auch gegenüber denen aus der Gesellschafts- und Wirtschaftswelt auf" (Wolf 2000: 54).

Insbesondere die Perzeption des Interesses an Handlungsspielraum gegenüber Gesellschaft und Wirtschaft wird aufgegriffen. Die Zivilgesellschaft und insbesondere die Sphäre der Wirtschaft scheinen sich im Prozess der Globalisierung transnational zu entgrenzen und zu vernetzen. Beck und Grande bewerten den mit diesen Prozessen einhergehenden Autonomieverlust des Staates als eine Herausforderung an den Gestaltungsanspruch von Politik (vgl. Beck/Grande 2005b: 416). Zielonka hingegen bewertet den Übergang der Handlungsautonomie auf private Akteure bzw. die einhergehende Entmachtung der politischen Sphäre nicht ganz so negativ. Mit den neuen Governance-Formen, wie Public-Private-Partnerships sowie Selbst- und Koregulation verbindet er den Abbau ineffizienter Hierarchien (vgl. Zielonka 2006: 178-179). Abgelehnt an der „neuen Staatsräson" wird hingegen ein großer Handlungsspielraum im Umgang mit den anderen Akteuren der Staatenwelt. Mit dem Organisationsprinzip Polyzentrismus und dem für die EU typischen „pooling und mixing" der Kompetenzen wird die enge Verzahnung und

Teilung der staatlichen Macht in einem Mehrebenensystem angestrebt (vgl. ebenda: 145). Im kosmopolitischen Imperium sind zwischenstaatliche Handlungsspielräume sogar so weit eingeschränkt, dass es zu einer Transformation von Macht kommt. Die Struktur des Mehrebenensystems verhindert die hierarchische Entscheidungsfindung, die Ausübung von Macht ist nur über vorgeschaltete kooperative Verhandlungen möglich (vgl. Beck/Grande 2005b: 417).

Zur Rückerlangung des politischen Regulierungsanspruchs setzen beide Theorien somit auf die enge Zusammenlegung einzelstaatlicher Problemlösungskapazitäten. Im Mehrebenensystem werden durch gegenseitige Selbstbindungen neue Autonomiespielräume der politischen Sphäre gewonnen. Gleichzeitig ergibt sich dabei aber das Problem, dass Autonomiespielräume der Zivilgesellschaft wieder verloren gehen. Zudem wird die Volkssouveränität, ausgeübt über die klassischen demokratischen Strukturen des Staates, prekär. Es besteht die Gefahr einer „kartellartigen Absicherung staatlicher Autorität durch intergouvernementale Verflechtung und gegenseitige Selbstbindung" (vgl. Wolf 2000: 67). Die Ausgestaltung des Regierens oberhalb des Staates ist üblicherweise über rechtliche Bindungen kodifiziert. Ein Versuch, das „Kartell der Regierungen" zu verhindern und eine Rückbindung von Souveränität für den Bürger zu erreichen, bietet die Konstruktion der entsprechenden supranationalen Rechtsbeziehungen. Um wirklich eine Bindungswirkung bzw. demokratische Qualität zu entfalten, muss ein supranational legitimes Recht mehreren Kriterien genügen. Erstens müssen die Rechtsnormen den Interessen der Betroffenen einer konkreten Norm Rechnung tragen (Öffentlichkeit). Zweitens sollte jede Norm die Konkretisierung einer konsensualen Grundnorm aller Herrschaftsunterworfenen sein (Integrität). Drittens muss jede Norm eine problemorientierte Steuerungsleistung erbringen (Reflexivität) (vgl. Neyer 1999: 396).

- 1. Die Öffentlichkeitsanforderung des Rechts lässt sich aus den komplexen Steuerungsanforderungen supranationalen Regierens ableiten. Bei der Regelgenese ist der Input von Experten gefragt, deshalb sollten Regeladressaten und -betroffene keinen Widerstand leisten. Stattdessen ist Einbindung in den Aushandlungsprozess nötig, damit die Norm sachbezogen und nicht Teil eines „Package-Deals" zwischen Regierungen wird. Das Ausmaß der Öffentlichkeit muss nicht jeden einzelnen Bürger umfassen, aber zumindest alle Betroffenen müssen die Möglichkeit zur Partizipation erhalten. In diesem Sinne müssen supranationale Institutionen als Inklusionsinstanz wirken, die Transparenz schaffen und einklagbare Partizipationsrechte bereitstellen (vgl. Neyer 1999: 397-398). In den Entwürfen des „neomittelalterlichen" und des „kosmopolitischen" Imperiums wird diese Forderung im Rahmen der neuen input-orientierten Legitimationsmechanismen übernommen (vgl. Beck/Grande 2005a: 1088 bzw. Zielonka 2007a: 297).

- 2. Die Bedingung der Integrität von Recht fordert die Ableitbarkeit des Normenbestandes auf konsensorientierte Grundnormen ein. Die allgemeine Bindungswirkung kann eine Rechtsnorm nur unter der Bedingung erlangen, dass sie nicht in Widerspruch oder Konkurrenz zu anderen Normen steht (vgl. Neyer 1999: 398-399). Im „neomittelalterlichen" Imperium wird aus dieser Forderung der Schluss gezogen, dass möglichst wenige Kompetenzen an die supranationale Ebene abzugeben seien. Um Widersprüche gering zu halten, sollen das Subsidiaritätsprinzip gestärkt und der Großteil der Kompetenzen auf der Staatsebene verbleiben. Die fehlende gemeinsame Identität in Europa verhindert einen „normativen Konsens" der so weit geht, starke Institutionen wie eine europäische Verfassung oder Armee zu rechtfertigen (vgl. Zielonka 2007a: 305-306). Auch das Konzept eines „Kerneuropas", einer verstärkten Normenintegration von nur einem Teil der EU-Mitgliedsländer, wird abgelehnt. Hierin wird eine unfreiwillige Hierarchisierung eines Normenbestandes für die restlichen Mitglieder gesehen, welche den allgemeinen Normenkonsens gefährde (vgl. Zielonka 2006: 71). Beck und Grande begegnen dem Integritätsproblem von Normen mit dem „Prinzip der Anerkennung von Differenz". Diese im Konzept des „kosmopolitischen Imperiums" konsensuale Grundnorm zielt auf das Ende einer weiteren Harmonisierung von nationalen Regeln und Differenzen. Stattdessen sollen Normdifferenzen gegenseitig anerkannt werden, da sie kein Hindernis für die politische Einheit seien. Die Vielfalt von Regeln ermögliche dem Staat und seinen Bürgern erst die Bereitschaft zur Integration (vgl. Beck 2005: 11). Konkret werden neue differenzierte Integrationsformen für die EU-Mitglieder gefordert. Regeln sollen ohne Harmonisierung anerkannt werden, solange sie gemeinsamen Mindeststandards genügen, daher von einer Grundnorm ableitbar sind. Zudem soll die „Methode der offenen Koordinierung" gestärkt werden. Ganz ähnlich zum Modell Zielonkas soll in möglichst vielen Politikfeldern die formale Kompetenz bei den Mitgliedsstaaten verbleiben. Die EU-Ebene soll sich auf die Formulierung von Zielvorgaben und weiche Steuerungsinstrumente wie Benchmarking, Monitoring sowie Evaluation beschränken. Im Gegensatz zum „neomittelalterlichen" Imperium wird auch eine geographische Differenzierung des Normenbestandes nach dem Kerneuropakonzept befürwortet. Hier ist die in ihrer Reichweite limitierte Ausweitung des Normenbestands gebunden an Kriterien, eine Vorreiterstrategie, welche die Vorteile vertiefter

Integration aufzeigt (vgl. Beck/Grande 2005a: 1088-1091). Das Prinzip der „Anerkennung von Differenz" versucht, die Forderung nach Integrität von Recht somit trickreich zu vermeiden. Ob der Widerspruch oder die Konkurrenz von Rechtsnormen in einem System überlappender Jurisdiktionen vermieden werden kann, ist jedoch zweifelhaft. Es ist aber anzunehmen, dass sich beide Autoren des kosmopolitischen Ansatzes über diesen Reibungspunkt bewusst sind. Parallel zum „Prinzip der Anerkennung von Differenz" fordern sie die Ausweitung des konsensualen Normenbestands durch die europaweite diskursive Erarbeitung gemeinsamer europäischer Normen (vgl. Beck/Grande 2004: 144).

- 3. Das Kriterium der Reflexivität zielt auf nicht intendierte Auswirkungen von Rechtsakten eines komplexen Mehrebenensystems. Jede Normensetzung reagiert auf Probleme, die in der Vergangenheit wahrgenommen wurden oder seltener für die Zukunft prognostiziert werden. Missstände und Externalitäten der Anwendung lassen sich meistens nicht genau vorhersehen. Aus diesem Grund ist die permanente Reflexion über die Angemessenheit der Rechtssetzung angebracht. Ermöglicht wird dies über Rückkopplungsmechanismen, Klagebefugnisse der Regelungsbetroffenen und anschließende Streitschlichtungsverfahren (vgl. Neyer 1999: 399-400). Auch mit dieser Anforderung geht das Konzept des „neomittelalterlichen" Imperiums mit der Einführung des Rechts zur Kontestation (vgl. Zielonka 2006: 188) und des „kosmopolitischen" Imperiums mit der Einführung von Vetooptionen für die nationalen Regierungen sowie dem Recht zum Referendum für den Bürger (vgl. Beck/Grande 2004: 144) konform.

Zusammenfassend modifizieren Beck, Grande und Zielonka das Konzept der Multi-Level-Governance, um nicht nur den politischen Handlungsspielraum, sondern auch die „Demokratie als eigentliches Globalisierungsopfer" zurückzuerobern (vgl. Wolf 2000: 56). Sie versuchen mit ihren Reformvorschlägen, die rechtliche Strukturierung der EU den Ansprüchen einer deliberativen Demokratietheorie anzunähern. Zwar ist auch in ihren Konzepten Recht unmittelbar mit organisierter Gewalt verbunden, aber in keinem Unterordnungsverhältnis. Der Primat eines demokratisch legitimen Rechts steht vor der Idee der Staatsräson. Im Gegensatz zur imperialen Räson muss Gewalt nicht angedroht oder angewendet werden. Die Bindungswirkung von Rechtsnormen ergibt sich allein schon aus ihrer „sozialen Qualität als kodifizierte kommunikative Macht" (vgl. Neyer 1999: 395).

3.5 Die Genese einer neuen Imperiumstheorie?

Zum Abschluss der Diskussion der vier neuen Imperiumstheorien soll die Genese eines gemeinsamen Theoriegebäudes durch dieselben untersucht werden. Hierzu stellen sich zwei Fragen: I. Wird ein gemeinsames theoretisches Paradigma in der politischen Ordnungsdiskussion begründet? II. Steht das postulierte Herrschaftsmodell in Tradition zum klassischen Verständnis des Ordnungsbegriffs Imperium oder erfolgt eine komplette Erneuerung des Begriffs?

I. Eine gemeinsame Theorie konnte nicht erkannt werden. Aus der vergleichenden Analyse der vier Theorien ergibt sich, dass eine Synthese zu einem neuen kohärenten Ansatz unmöglich erscheint. Jede Theorie steht sowohl für ein unterschiedliches Governance-Modell, für eine unterschiedliche Legitimationsstrategie und zudem für unterschiedliche Normen des politischen Handelns. In Tabelle 2. (siehe Anhang) werden die Ergebnisse nochmals in komprimierter Form dargestellt. Wie lassen sich die vier Ansätze dennoch klassifizieren? Eine Möglichkeit bietet die idealtypische Unterteilung der Theorie der Internationalen Beziehungen, wie sie Ulrich Menzel vornimmt (vgl. Menzel 2001: 20ff.). Er behauptet, dass sich alle Theorieansätze in diesem Feld auf vier paradigmatische Theorieansätze zurückführen lassen, nämlich den Realismus, den Idealismus, den Strukturalismus und den Institutionalismus. Die Unterscheidung dieser vier Paradigmen nimmt er anhand der Frage der Erbringungslogik von Politikzielen vor, „wie die Sicherung der staatlichen Existenz, dem Frieden, der nationalen Wohlfahrt (…) oder dem Schutz der Umwelt" (vgl. Menzel 2001: 21). Es wird also ein sehr ähnliches Maß angelegt, wie es in der vorliegenden Arbeit an die neuen Imperiumstheorien angetragen wird. Kombiniert man die Theorieparadigmen Menzels mit den Ergebnissen aus Tabelle 2., lassen sich die neuen Imperiumstheorien zwischen den vier klassischen Theorien der Internationalen Beziehungen verorten. In Schaubild 1. (siehe Anhang) wird ein solcher Versuch gestartet. Das „postimperiale" Imperium von Münkler lässt sich dem Realismus zuordnen. Imperiale Räson, die strikte Hierarchie und die Idee der hegemonialen Stabilität sind Ausdruck des „realistischen" Selbsthilfeprinzips. Zudem existiert mit den materiellen Voraussetzungen imperialer Herrschaft eine gewisse Nähe zum Strukturalismus. Zielonka, Beck und Grande verweisen explizit auf die Multi-Level-Governance als Ausgangspunkt ihrer Ansätze und greifen somit explizit Modelle des Institutionalismus auf. Das „kosmopolitische" Imperium nimmt zusätzlich mit dem Fortschrittsglauben, der Theorie des demokratischen Friedens und der Konsensorientierung idealistische Ideen auf. Auch das „neomittelalterliche" Imperium lässt sich analog zwischen Idealismus und Institutionalismus verorten. Die weniger restriktiven Interventionsmittel bzw. geringere Selbstbeschränkung lässt sein

Konzept aber näher in Richtung Realismus rücken. Coopers „postmodernes" Imperium nimmt durch die Trennung in vor-moderne, moderne und post-moderne Welt eine Mittelstellung zwischen Realismus und Institutionalismus ein.

II. Die zweite Frage, ob das postulierte Herrschaftsmodell zu einem klassischen Ordnungsbegriff Imperium anschlussfähig ist oder eine Begriffsneubesetzung stattfindet, muss nach dem gescheiterten Syntheseversuch somit an alle vier Theorien gestellt werden. Nach Zürn ist der Begriff „Imperium" klassischerweise mit der unipolaren Machtstellung eines Akteurs und dessen Möglichkeit und Wille zum Einsatz von „hard power" oder Macht gekennzeichnet. Normen sind hingegen als Steuerungsmedium schwächer und im Zweifel sekundär (vgl. Zürn 2007: 686-687). Diesem Verständnis folgen Münkler und mit Abstrichen Cooper, sie suchen somit Anschluss zum traditionellen Ordnungsbegriff Imperium. Bei Zielonka, Beck und Grande nehmen Normen hingegen die Rolle eines primären Steuerungsmediums ein. Die Ausübung von Macht ist über diese Normen gebändigt und multipolar verteilt. Eine solche Konstellation bezeichnet Zürn als „Konstitutionalismus jenseits des Nationalstaates" (vgl. Zürn 2007: 688). Zielonka, Beck und Grande versuchen somit dem Imperiumsbegriff eine neue Bedeutung zu verleihen und entwickeln in diesem Sinne wirklich jeweils eine neue Imperiumstheorien. Münkler und Coopers Theorien modernisieren hingegen eher den klassischen Imperiumsbegriff.

4. Empire EU?
Ist die EU eine imperiale Herrschaftsordnung?

Die vier vorgestellten Imperiumstheorien stellen unterschiedliche Visionen dar und zugleich Vorhersagen, welche die zukünftige Herrschaft der EU beschreiben. Es stellt sich nun die Frage, inwiefern diese Vorhersagen zutreffen bzw. sich die EU sich als imperiale Ordnung verstehen lässt. Daran anschließend muss das Modell imperialer Herrschaft präzisiert werden. Entwickelt sich die EU hin zu einer „kosmopolitischen", „neomittelalterlichen, „postmodernen" oder „postimperialen" Ordnung? Die vorliegende Analyse argumentiert im Folgenden, dass sich die EU immer stärker am Modell des „postimperialen" Imperiums nach Münkler orientiert. Dabei sollen vier Thesen vertreten werden.

- 1. Die EU-Länder bilden untereinander kein Netzwerk gleichberechtigter Partner, sondern stehen nach dem Zentrum-Peripherie-Modell in einer Rangordnung zueinander.

- 2. Die Hierarchie bzw. die hierarchische Einbettung oder der „Schatten der Hierarchie" bleiben in der EU der primär wichtigste Governance-Modus.

- 3. Der hierarchische Steuerungsanspruch wird insbesondere dort durchgesetzt, wo Kernprinzipien der imperialen Räson angetastet sind, also z.B. der Kontrolle ökonomisch relevanter Ströme oder insgesamt der materiellen Basis der Ordnung.

- 4. Die Legitimationsstrategie ist rein output-orientiert.

Auf den ersten Blick geht die vorliegende Arbeit mit dieser Argumentationslinie auf Konfrontation zu zentralen Thesen über imperiales Regieren von Zielonka, Beck und Grande. Auch Coopers Theorie wird zumindest in der Beschreibung der „Postmoderne" angegriffen. Diese Konfrontation wird trotz des Wissens vertreten, dass die Mechanismen des Regierens und der Charakter der Ordnung, wie sie Beck, Grande und Zielonka beschreiben, als Derivate der Multi-Level-Governance-Ansätze empirisch sehr gut fundiert sind. Zur Kritik wird deshalb ein häufiger Vorwurf an der Mehrebenenforschung aufgegriffen, nämlich dass die Konzentration der empirischen Analysen auf ausgewählte, politikfeldspezifische Bereiche nicht zwangsläufig eine allgemeine Beschreibung des Gesamtsystems hervorbringt (vgl. Knodt/Große Hüttmann 2005: 237). Es soll in dieser Perspektive aber auch nicht der Versuch unternommen werden, die Ergebnisse von Zielonka, Beck und Grande über Governance in der EU komplett zu revidieren. Auf den zweiten Blick zielt die Argumentationslinie somit vielmehr darauf, die spezifische Verschachtelung der beschriebenen Governance-Strukturen in eine hierarchische Makrostruktur nachzuweisen. Das EU-Imperium ist in diesem

Sinne die hierarchisch höchste Ebene der Multi-Level-Governance-Struktur, welche auf alle untergeordneten Ebenen einen Einfluss ausübt. Dies nimmt aber nicht unbedingt die Form von permanenten Weisungs- bzw. Befehlsbeziehungen an, sondern kann sich auch in der institutionellen Verankerung bestimmter Governance-Strukturen und/oder in dem zusätzlichen Entzug dieser Strukturen vom politischen Prozess darstellen. Der Nachweis der imperialen Hierarchie kann im Rahmen dieser Analyse leider nur an spezifischen Beispielen geführt werden. Deshalb wird versucht, die Argumentation in Bereichen zu führen, die sowohl für alle Imperiumstheorien als auch für die EU von zentraler Relevanz für die konstituierte Herrschaftsordnung sind und in denen klare Konfliktlinien zwischen den einzelnen Theoriepositionen erkennbar sind.

Ein erster zentraler Konflikt zeichnet sich über den Modus politischer Entscheidungen ab. Hier steht die Entscheidung in einem asymmetrischen Zentrum-Peripherie-Komplex mit radial abnehmenden Partizipationschancen gegen die Entscheidung im „kosmopolitischen" Konsens bzw. gegen die Entscheidung durch fairen, „neomittelalterlichen" Leistungswettbewerb.

Ein zweiter Konflikt entspringt aus der Einordnung der WWU. Aus Sicht der EU ist die Marktintegration das zentrale Projekt. Angesiedelt in der „ersten Säule" ist hier die supranationale Integration am weitesten vorangeschritten. Beck und Grande bewerten den ökonomischen Fokus der europäischen Politik als eine „Deformation Europas", welche ihrem Modell entgegensteht (vgl. Beck/Grande 2004: 228ff.). Zielonka beurteilt zumindest Teile der institutionellen Verankerung der Marktintegration wie z.B. den SWP als unflexible Hierarchie des „Staatsparadigmas" (vgl. Zielonka 2006: 71). Nach Münkler ließe sich die WWU hingegen als rationale Kontrollstrategie ökonomischer Ströme zur Sicherung der materiellen Basis imperialer Herrschaft interpretieren.

Als dritter Konflikt würde sich die Einordnung der EU-Außenbeziehungen eignen. Insbesondere die Frage, in welchem Maße die EU Militärinterventionen zum Ordnungserhalt nutzt, wäre hier interessant. Dieser Ansatz soll aber nicht weiter verfolgt werden, da militärische Interventionen mit Beteiligung europäischer Staaten noch immer maßgeblich im Rahmen der Nato organisiert und geplant sind. Eine sicherheitspolitische Emanzipation Europas von den USA steckt noch in ihren Anfängen und somit auch die Akteursfähigkeit der EU in diesem Bereich (vgl. Varwick 2008: 121ff.). Aus diesem Grund wird nun versucht, den Nachweis des „postimperialen" EU-Imperiums anhand der ersten beiden skizzierten Konflikte zu führen.

4.1 Politische Entscheidungen in der EU-Hierarchie

Die politische Entscheidungsfindung sowie die Rechtssetzung in der EU eindeutig zu charakterisieren oder einen klaren Governance-Modus für diesen Zweck zu benennen, ist nicht einfach. Es existiert kein allgemeingültiges Entscheidungsverfahren. Jedes Politikfeld im Bereich des EU-Vertragswerks ist in Dutzende Einzelkompetenzen aufgegliedert. Für jede Kompetenz ist eigens ein Entscheidungsverfahren, differenziert nach beteiligten Organen, Abstimmungsregeln, Ablaufsequenzen und Fristen, festgelegt (vgl. Kohler-Koch 2004: 127). Dennoch soll in drei Schritten versucht werden, „hierarchisierend" wirkende Elemente herauszuarbeiten und parallel Aussagen zur Legitimationsstrategie der EU zu gewinnen. Im ersten Schritt werden einige Eckpunkte des EU-Entscheidungsprozesses bzw. die beteiligten Akteure und Verfahren dargestellt. Dabei wird sich zeigen, dass die EU bzw. das EU-Recht dem einzelnen Mitgliedsland übergeordnet ist. Im zweiten Schritt soll die jüngste Vertragsrevision, der Lissabon-Vertrag, beleuchtet werden, um zukünftige Entwicklungstendenzen einzuschätzen. Aus dieser Betrachtung ergeben sich ein Trend zur weiteren Hierarchisierung der EU gegenüber den Mitgliedsländern und das Festhalten am output-orientierten Legitimationsmodell. Im dritten Schritt wird die zukünftige dominante Entscheidungsregel im Rat der EU analysiert, um festzustellen, ob diese Entscheidungsregel „fair" und damit auch legitim für alle Mitgliedsländer ist oder ob sie bestimmten Ländern Vorteile bringt.

4.1.1 EU-Recht und - Entscheidungsfindung Verfahren und Institutionen

Im Bereich der GASP sowie der polizeilichen und justiziellen Zusammenarbeit ist der Europäische Rat das maßgebliche Gremium der Zusammenarbeit, welches intergouvernemental ohne Einfluss der anderen EU-Institutionen organisiert ist (vgl. Wessels 2008: 194). Die folgende Darstellung konzentriert sich hingegen auf die Rechtssetzung und Entscheidungsfindung nach den Regeln des Vertrags von Nizza in der ersten Säule der EU. Der institutionelle Rahmen der EU ist in mehreren Verträgen zusammengefasst. Im Unterschied zu einer internationalen Organisation ist die EU in der „ersten Säule" supranational organisiert. Dies bringt einen Vorrang des Gemeinschaftsrechts über das Recht der Mitgliedsstaaten mit sich und eine unmittelbare Durchgriffswirkung. Allerdings behalten die Staaten die Möglichkeit der Zuweisung der Rechtssetzungskompetenz (vgl. Kohler-Koch 2004: 18). Obwohl die EU eine Harmonisierung des Rechts und der abgetretenen Kompetenzen anstrebt, bieten §§ 40-40b sowie §§ 43-45 EUV die Möglichkeit, bei der Anwendung bestimmter Rechtsbestände und der Abgabe bestimmter Ent-

scheidungskompetenzen gezielte Ausnahmen für einzelne Länder zuzulassen. Die Möglichkeit des „Opt-Outs" wird nur von wenigen Ländern, z.B. bei der Umsetzung des Schengenraums oder der Währungsunion, wahrgenommen (vgl. Kohler-Koch 2004: 137). Abgesehen von
diesen Ausnahmen ist das EU-Recht somit bindend für die Mitgliedsstaaten und deren Recht übergeordnet. Die letztendliche Autorität zur
Interpretation des EU-Rechts, welche die Mitgliedsstaaten in der Auslegung auch gegen ihren Willen binden kann, ist der EuGH (vgl. Nugent
2000: 138). Die §§ 226 und 227 EGV bieten den Staaten Klagemöglich-
keiten, um gegen EU-Rechtsverstöße anderer Mitglieder vor dem EuGH
vorzugehen. In seiner Rolle ist der EuGH nicht allein auf die Interpretation des EU-Rechts beschränkt, sondern ist durch die Wahrnehmung
dieser Aufgabe auch eine „rechtsfortbildende" Institution. Ein Beispiel
hierfür bietet das sogenannte „Cassis de Dijon"-Urteil von 1979. Dieses
schrieb das Prinzip der wechselseitigen Anerkennung und somit den
Vorrang des Abbaus nichttarifärer Handelshemmnisse auch für Pro-
duktregulierungsstandards der Staaten fest. Dies bedeutete eine enorme
Ausweitung der Durchgriffswirkung des EU-Rechts, weil der Abbau
nichttarifärer Handelshemmnisse im Gegensatz zur Harmonisierung
nationaler Regulierungsstandards keine Zustimmung der Mitgliedsstaaten erfordert, sondern autonom von der Kommission vorangetrieben
wird (vgl. Börzel 2007: 14-15). Das Urteil ist somit auch der Beginn des
interjurisdiktionellen Wettbewerbs, weil er die nationalen Regulierungsstandards und Unternehmen der Mitgliedsländer in einen Wettbewerb
versetzt. Nicht etwa der gemeinsame Konsens über die Vorteile von
Wettbewerbsstrukturen initiierte diese prägende Governance-Struktur
der EU, sondern eine supranationale, hierarchische Koordination durch
den EuGH. Auch andere supranationale EU-Akteure sind für ihren Tä-
tigkeitsbereich in der Lage, hierarchisch in die Politik hinein zu koordinieren. Für die Umsetzung im Bereich Wettbewerbsrecht ist z.B. die
Kommission nach § 82 und § 88 EGV zuständig. Außerdem wird die
Währungspolitik von der autonomen EZB (vgl. § 105 EGV) wahrgenommen. Geldpolitische Entscheidungen werden in dieser Institution in
einem Verhandlungssystem der weisungsunabhängigen Zentralbank-
präsidenten getroffen (vgl. § 108 EGV). Zusammenfassend besteht zwischen EU-Recht und dem einzelnen Mitgliedsstaat rein rechtlich ein
Unterordnungsverhältnis. Ob dieses Verhältnis eine Hierarchie begründet, hängt entscheidend davon ab, inwiefern diese Unterordnung freiwillig und im Konsens erfolgt und eine angemessene Beteiligung bei der
Rechtssetzung garantiert ist.

Den EU-Rechtssetzungsprozess eindeutig zu bewerten, ist schwierig.
Dies zeigt sich sowohl in der Fragmentierung der Entscheidungsverfahren als auch in der schweren Abgrenzbarkeit der Legislativkompetenz.

Eine klare Gewaltenteilung nach dem Lehrsatz „The Commission proposes, the Council decides, the Parliament advises and the Court interprets" (Nugent 2000: 133) ist nicht existent. Die Genese von Entscheidungen der EU lässt sich deshalb besser als Prozess oder Wechselspiel zwischen den verschiedenen EU-Organen erklären, wobei jedes Organ verschiedene Einflussmöglichkeiten wahrnimmt. Am Anfang dieses Prozesses steht immer eine Gesetzesinitiative. Obwohl die Europäische Kommission als „Hüterin der Verträge" umfassende Kompetenzen der Exekutive ausübt, besitzt sie das Monopol zur legislativen Initiative (vgl. ebenda 2000: 131). Die Kommission hat zwar keinerlei Entscheidungsbefugnisse, aber sie begleitet den gesamten Prozess ihrer Initiative mit Stellungsnahmen und Empfehlungen. Die Kompetenz der Gestaltung und Entscheidung von Rechtsakten liegt primär beim Ministerrat (Rat) allein oder zusätzlich beim Europäischen Parlament (EP). Je nach Politikfeld bzw. dem zugehörigen Entscheidungsverfahren ist das EP verschieden stark eingebunden. Es gibt Verfahren ohne Beteiligung, dann solche, die eine Unterrichtung vorsehen, solche, die Konsultationen sowie Anhörungen erfordern, und schließlich Zustimmungsverfahren sowie Mitentscheidungsverfahren. Die beiden letzteren Verfahren gewinnen seit der Vertragsreform von Nizza an Relevanz. In der realen Nutzung sind zwischen 2000 und 2004 circa 40% bis 60% der Entscheidungen nach diesem Verfahren entschieden worden (vgl. Wessels 2008: 349). Mit der Option zum Veto bzw. sogar der Option zur Gestaltung oder Änderung eines Rechtsakts wird das EP in diesem Rahmen zum Widerpart des Rats in der Gesetzgebung. Insbesondere das Mitentscheidungsverfahren nach § 251 EGV lässt sich somit als mehrere Phasen andauernde Verhandlung zwischen Rat und Parlament, moderiert durch die Kommission, verstehen (vgl. ebenda 2008: 344-345). Das zentrale Organ zur endgültigen Beschlussfassung ist jedoch der Ministerrat. Ihm wird nach § 202 EGV die „Allgemeine Entscheidungsbefugnis" für verbindliche Entscheidungen der Politik- und Systemgestaltung zugesprochen. Für jede interne oder externe Aktivität hat der Rat die letzte Entscheidungsbefugnis. Dies bedeutet, dass der Rat Entscheidungen bei alleiniger Zuständigkeit, wie in den zentralen Feldern der Wirtschafts- (vgl. § 99 EGV) und Fiskalpolitik (vgl. § 104 EGV), autonom treffen kann. Im Falle der Mitentscheidung des Parlaments verbleibt, im Konfliktfall zwischen den Organen, die Option, einen Rechtsakt am Ende des Prozesses scheitern zu lassen (vgl. ebenda 2008: 193). Die Beteiligung von meistens drei unterschiedlichen Organen im Entscheidungsprozess lässt auf einen hohen Kooperationsbedarf und daher wenig Möglichkeiten zur asymmetrischen Einflussnahme schließen. Trotzdem kann auch hier von keiner symmetrischen Akteurskonstellation gesprochen werden. Das Initiativmonopol der Kommission ist das entscheidende „Nadelöhr" für jegliche Rechtssetzung. Ein „Zurückdrehen" des Integrationsstandes kann die Kommission so wirkungsvoll verhindern. Selbst bei Einstimmigkeit im Rat kann ohne einen Vorschlag der Kommission keine Entscheidung getroffen werden (vgl. Kohler-Koch 2004: 110). Immerhin kann der Rat die Kommission nach § 208 EGV zu einer solchen Gesetzesinitiative auffordern, verpflichtend ist dies aber nicht. Dem Parlament fehlt eine solche Option, eigene Themen und Initiativen einzubringen, voll und ganz. Eine weitere Einschränkung erfährt das Parlament durch die letzte Entscheidungskompetenz des Rats. Nur der Rat ist am Ende berechtigt, einen Rechtsakt zu erlassen. Das Parlament hat am Ende der Verhandlungsphase maximal die Möglichkeit, einen Rechtsakt scheitern zu lassen. Das Parlament ist somit eher ein Vetospieler mit dem Recht, Gestaltungsvorschläge in den Verhandlungen zu unterbreiten. Die Verhandlungsakteure sind in ihren Optionen somit nicht gleichberechtigt. Parlament und Rat sind durch die Initiativen der Kommission in ihrem Gestaltungsanspruch eingeschränkt. Verhandlungen zwischen Rat und Parlament stehen unter dem „Schatten der endgültigen Entscheidung" durch den Rat. Insgesamt nimmt das Parlament trotz Mitentscheidungsverfahren somit die schwächste Position im legislativen Prozess ein.

Im offiziellen Prozess der Rechtssetzung sind zwar nur die drei zentralen Organe mit Kompetenzen ausgestattet, doch werden in diesem Prozess oft andere gouvernementale Akteure oder private Interessenverbände mittels Konsultationen und Verhandlungen eingebunden. Neben der Rechtssetzung prägt das „Regieren" der EU außerdem noch andere konkurrierende oder komplementäre Verfahren, wie die „Methode der offenen Koordinierung" oder die Selbstkoordination privater Akteure, um Regulierung zu vermeiden (vgl. Börzel 2007: 71-73). Im Ergebnis zeigt sich, dass EU-Recht zwar ein Unterordnungsverhältnis für die Mitgliedsländer begründet, aber keine direkte Hierarchie, weil zahlreiche Blockademöglichkeiten im Rechtssetzungsprozess die konsensuale Kooperation mehrerer Akteure erfordert.

Einen gegenläufigen Trend begründet die Einführung der qualifizierten Mehrheitsregel (QMR) im Rat. Nach dieser Regel ist der Rat bei Entscheidungen nicht an das Konsensprinzip gebunden, sondern kann Entscheidungen mit einer an bestimmte Voraussetzungen gebundenen Mehrheit treffen. Die Vetooption eines einzelnen Staates entfällt (vgl. Nugent 2000: 140). Der Vertrag von Nizza setzt die Anforderungen an eine solche Mehrheit recht hoch. Eine qualifizierte Mehrheit ist dann erreicht, wenn

- (1) mindestens 14 von 27 Mitgliedsstaaten einem Vorschlag zustimmen.

- (2) zugleich mindestens 255 der 345 (=73,91%) der Ratsstimmen, die je nach Größe des Mitgliedslandes verteilt sind, zustimmen.

- (3) die zustimmenden Länder mindestens 62% der EU-Bevölkerung repräsentieren (vgl. CEP 2009: 3).

Besonders im Rahmen von Entscheidungen ohne Beteiligung des Parlaments, die der Rat nach der Mehrheitsregel trifft, ergibt sich die Möglichkeit der hierarchischen Koordination der Minderheit durch die Mehrheit der Mitgliedsstaaten, auch gegen deren Willen. Die Drohung, einzelne Staaten zu überstimmen, erzeugt in den Verhandlungen des Rates den „Schatten der Hierarchie", weil ein Veto nicht möglich ist (vgl. Börzel 2007: 14). Empirische Studien zeigen, dass die Konsenssuche im Rat zwar meist Vorrang besitzt und sich der Rat auch ohne eine Abstimmung auf eine Position einigt. Immerhin wurden aber im Zeitraum zwischen 2002 und 2006 im Rat 10,5 bis 22,2% der Rechtsakte in Abstimmungen gegen ein Minderheitsvotum durchgesetzt (vgl. Hagemann/De Clerk-Sachsse 2007: 13).

4.1.2 Weichenstellungen im Reformvertrag von Lissabon

Laut EU-Kommission dient der am 01.12.2009 in Kraft getretene Vertrag von Lissabon mehreren Zwecken. Einerseits wird die institutionelle Struktur an die stark gestiegene Mitgliederzahl angepasst, um eine „erhöhte Handlungsfähigkeit in den Schwerpunktbereichen" bzw. ein „effizienteres Europa" zu erreichen. Andererseits soll die institutionelle Reform Europa „demokratischer und transparenter" gestalten und „näher an den Bürger heranrücken". Zudem installiert der Reformvertrag eine gemeinsame Grundrechtcharta und neue Formen der außenpolitischen Zusammenarbeit (vgl. KOM 2009). Im Folgenden werden die institutionellen Weichenstellungen des Vertrages für die zukünftigen Entscheidungsverfahren und die Implikationen für die europäische Legitimationsstrategie thematisiert. Ein erster Einschnitt durch den Lissabonvertrag ist die Umstellung der Vertragsstruktur. Die Unterscheidung zwischen EG- und EU-Vertrag wird aufgelöst, womit auch das „Drei-Säulen-Modell" hinfällig wird. Nach der Strukturreform wird nun zwischen dem reformierten EU-Vertrag (EUV-L) und dem Vertrag über die Arbeitsweise der EU (AEUV) unterschieden. Im Rahmen dessen erhält die EU nach § 47 EUV-L jetzt auch erstmals eine eigene Rechtspersönlichkeit. Der AEUV entspricht dem supranationalen Anwendungsbereich des EU-Rechts, also in etwa dem EG-Vertrag. Allerdings wurden einige neue Kompetenzen aufgenommen und eine neue Anordnung der Artikel vorgenommen. So wandert z.B. die vormals intergouvernementale „dritte Säule" der polizeilichen und justiziellen Zusammenarbeit in den supranationalen AEUV (vgl. CEP 2009: 1). Nach § 5 AEUV werden die Kompetenzen der EU eindeutiger als vorher gegenüber den Nationalstaaten abgegrenzt. Ausschließliche Kompetenz für die EU wird für die Bereiche Zollunion, Wettbewerb, Währungspolitik, Fischerei und

Handelspolitik zugewiesen. In den Bereichen Binnenmarkt, Umwelt, Landwirtschaft, Verbraucherschutz sowie Sozial-, Innen-, und Justizpolitik herrscht eine geteilte Zuständigkeit zwischen den Mitgliedsstaaten und der EU. In den Bereichen Gesundheit, Industrie, Kultur, Tourismus und Katastrophenschutz sind lediglich Unterstützung und Koordination durch die EU vorgesehen. Insgesamt lässt sich feststellen, dass kein zentraler Bereich nationaler Politik mehr von der EU ausgeschlossen ist. Der Zentralisierungsgrad durch die EU bleibt jedoch heterogen und ist politikfeldabhängig (vgl. Hofmann/Wessels 2008: 8). Die Rolle der einzelnen Organe im Rechtssetzungsprozess wandelt sich durch den Lissabonvertrag nicht generell, dennoch kommt es zu einigen wichtigen Akzentverschiebungen. Für das EP wird das Mitentscheidungsverfahren zusätzlich um 35 weitere Entscheidungsfälle auf zentrale Politikbereiche der Innenpolitik ausgedehnt. Mit 80 von 256 möglichen Entscheidungsbereichen ist das Mitentscheidungsverfahren damit das am häufigsten anzuwendende Verfahren (vgl. Hofmann/ Wessels 2008: 12). Ausnahmen bilden vor allem die GASP, die polizeiliche und justizielle Zusammenarbeit sowie Fragen des geistigen Eigentums (vgl. CEP 2009: 1). Zudem teilt sich das Parlament nun die Haushaltsbefugnis mit dem Rat und erweitert seine Rechte bei der Wahl des Kommissionspräsidenten (vgl. Pache/ Schorkopf 2009: 25). Der Rat erhält im Zuge des Reformvertrages weitere Kompetenzbereiche zur Entscheidung und weitet den Anwendungsbereich der QMR drastisch aus. Parallel hierzu werden die Voraussetzungen für eine qualifizierte Mehrheit reformiert und die Stimmgewichte der einzelnen Staaten verändert. Insgesamt wird die Entscheidung mit qualifizierter Mehrheit gegenüber Nizza auf 21 neue und 23 bestehende Politikbereiche ausgedehnt (vgl. ebenda 2009: 26-27). Damit wird die QMR zur vorherrschenden Abstimmungsregel, welche in 137 von 181 Politikbereichen angewandt wird. Neue Anwendungsbereiche der QMR sind z.B. die polizeiliche und justizielle Zusammenarbeit, gemeinsame Verkehrspolitik, Asyl und die Kontrolle der Außengrenzen. Zu den neuen Kompetenzen, welche auch nach QMR entschieden werden, gehören die Bereiche Energie, Raumfahrt, Tourismus, Sport, Katastrophenschutz und Terrorbekämpfung (vgl. CEP 2008: 1-3).

Die Voraussetzungen für Mehrheiten im Rat und die jeweiligen Stimmengewichte der einzelnen Staaten wurden im Vorlauf des Reformvertrages lange kontrovers diskutiert. Aus diesem Grund tritt eine Neuregelung erst ab dem 1.11.2014 in Kraft. Für eine Übergangszeit bis zum 31.03.2017 muss zudem auf Antrag eines Staates nach den Abstimmungsregeln von Nizza entschieden werden. Die neue QMR nach § 16 Absatz 4 EUV-L sieht eine „doppelte Mehrheit" vor. Es müssen 55% der Staaten (= min. 15 Länder) zustimmen, welche gleichzeitig 65% der EU-Bevölkerung repräsentieren. Eine Sperrminorität bietet der Widerspruch von mindestens vier Staaten, welche mindestens 35% der EU-Bevölkerung repräsentieren müssen. Außerdem ist ein suspensives Veto mit Nachverhandlung beim Widerspruch von entweder mindestens 24,75% der Mitgliedsstaaten oder von 19,25% der von Mitgliedsländern repräsentierten Bevölkerung möglich (vgl. CEP 2009: 3-4).

Es ist festzustellen, dass zentrale Determinanten der Beschlussfähigkeit im Rat verändert wurden. Für eine Gestaltungsmehrheit wurde die Schwelle gegenüber Nizza gesenkt und für eine Sperrminorität bzw. ein Veto heraufgesetzt. Die Ausweitung der QMR in Kombination mit den anspruchsloseren Mehrheitsanforderungen ergeben neue Möglichkeiten zur Unterordnung von Minderheiten (vgl. Wessels 2008: 202). Der „Schatten der Hierarchie" fällt somit auf eine viel größere Anzahl von Entscheidungsprozessen. Dieser Sachverhalt lässt sich anhand eines Vergleichs der Koalitionen für qualifizierte Mehrheiten und Sperrminoritäten exemplifizieren. In Tabelle 3 (siehe Anhang) werden mögliche Koalitionen jeweils nach der QMR-Regel von Nizza und Lissabon verglichen. Es ergeben sich einige interessante Unterschiede. So gewinnen die „alten" Mitgliedsländer (EU-15) mit dem Vertrag von Lissabon in einer gemeinsamen Koalition die gestaltende Mehrheit. Die Beitrittsländer von 2004/07 oder die Ostseeanrainerstaaten hingegen verlieren mit dem Wechsel von Nizza nach Lissabon die Möglichkeit der Sperrminorität. Zwar werden hier „virtuelle" Koalitionen gegenübergestellt, trotzdem wird demonstriert, dass der Vertrag von Lissabon neue potenzielle Hierarchien erwachsen lässt.

Zielsetzung des Lissabonvertrages ist es laut Kommission, sowohl die Effizienz des Regierens (output-orientierte Legitimation) zu steigern als auch demokratische Verfahren (input-orientierte Legitimation) zu stärken. Die input-orientierte Legitimationsstrategie der EU setzt mit Rat und Parlament auf ein duales Legitimationsprinzip: einerseits die „Union der Bürgerinnen", andererseits die „Union der Staaten" (vgl. Hofmann/Wessels 2008: 12). In dieser Perspektive soll die Ausweitung des Mitentscheidungsverfahrens eine input-orientierte Stärkung der „Union der Bürger" bedeuten. Diese Argumentation kann kaum überzeugen, denn die grundsätzlichen demokratischen Mängel des EP bleiben weiterhin bestehen. Obwohl sich die politischen Fronten im EP nach politischen Gruppierungen abbilden und nicht nach Länderfraktionen, bietet es keine proportionale Sitzverteilung zur Bevölkerungsgröße jedes Landes. Die Sitzverteilung ist stattdessen degressiv proportional, nach Nizza mit einem Disproportionalitätsfaktor von 10,4, welcher nach der Reform von Lissabon sogar auf 12,8 ansteigt (vgl. CEP 2009: 1). Zudem wird dem EP auch nach Lissabon kein Recht zur Gesetzesinitiative zugestanden. Die einzige Ausweitung der Parlamentsrechte in diese Richtung bietet

§ 48 EUV-L, welcher Initiativen des EP zur Einberufung von Regie-
rungskonferenzen im Bereich des ordentlichen und einfachen Ände-
rungsverfahrens zur Vertragsrevision erlaubt. Von einer echten Demo-
kratisierung des EP durch die partielle Erweiterung der Mitentschei-
dungsrechte kann somit nicht gesprochen werden. Auch die „Union der
Staaten" wird aus einer input-orientierten Perspektive mit der massiven
Ausweitung der QMR im Rat eher geschädigt. Die indirekte Legitimationskette von den nationalen Parlamenten über die Regierungen in den
Rat wird beim Mehrheitsentscheid für die überstimmten Staaten durchbrochen (vgl. Göler 2009: 9). Für die zentralen Institutionen der Entscheidungsfindung lässt sich somit kaum eine Verbesserung der input-
orientierten Legitimation feststellen. Allerdings sieht der Lissabonvertrag in Ansätzen auch neue alternative input-orientierte Elemente vor.
Nach § 11 Absatz 4 EUV-L werden erstmals direktdemokratische Bür-
gerinitiativen möglich. Diese sind allerdings mit einem Quorum von
mindestens einer Millionen Unionsbürgern verbunden und geben nur
das Recht zur Aufforderung an die Kommission, Rechtsakte zu initiie-
ren. Weder die Hürde der Kommission kann umgangen werden, noch ist
eine Mitentscheidung vorgesehen (vgl. Hofmann/ Wessels 2008: 13).
Zudem erhalten nationale Parlamente das Recht, beim Übersteigen eines
bestimmten Quorums die erneute Überprüfung geplanter EU-Rechtsakte
einzufordern (vgl. CEP 2008: 5). Aus einer output-orientierten Perspektive lässt sich erkennen, dass im Rat durch die Ausweitung der QMR
leichter Entscheidungen zustande kommen können. Insofern müsste die
politische Legitimation parallel zur erhöhten politischen Problemlösungsfähigkeit der EU steigen. Eine Verschiebung der output-
orientierten EU-Legitimationsstrategie zugunsten einer Demokratisie-
rung der EU-Institutionen ist somit nicht festzustellen. Auch die umfassende Einführung eines deliberativen Demokratiemodells, wie es Zielonka, Beck und Grande fordern, erfolgt durch den Lissabonvertrag
nicht. Ob insgesamt eine echte Stärkung der Legitimation des EU-
Systems durch den Lissabonvertrag erfolgt, hängt aus beiden Legitima-
tionsperspektiven zentral von einer überzeugenden Abstimmungsregel
der letzten Entscheidung im Rat ab. Aus einer output-orientierten Perspektive muss die QMR eine „faire und überzeugende" Verteilung der
Nutzen und Lasten zwischen den Ländern im Rat garantieren. Aus einer
input-orientierten Perspektive bleibt die Anforderung, dass Entscheidungen nach dem QMR-Verfahren, wenn durch sie schon einzelne
staatliche „Legitimationsketten durchbrochen" werden, wenigstens „gerechte" und „faire" Abstimmungschancen für alle Staaten ermöglichen.

4.1.3 Mehrheitsentscheidungen im Rat nach Lissabon – fair und gerecht?

Nach der vorangegangenen Betrachtung rückt nun die QMR im Rat in den Mittelpunkt des Interesses. Als wichtigste Entscheidungsverfahren am Ende des Prozesses zur Setzung eines Rechtsakts darf die QMR aus Legitimationsperspektive keinem Staat unangemessene Vorteile bieten. Außerdem ist die QMR interessant, um den zukünftigen Governance-Modus politischer Entscheidungen im EU-System zu charakterisieren. Aus der vorangegangenen Argumentation wurde ersichtlich, wie die EU in zahlreichen Politikfeldern in die Mitgliedsländer hinein koordinieren kann und dass qualifizierte Mehrheitsentscheidungen die Möglichkeit bieten, dies gegen den Willen einzelner Länder oder kleinerer Ländergruppen zu tun. Zur Hierarchie wird dieser Steuerungsmodus, wenn Akteure strukturelle Vorteile durch QMR genießen und so einen unangemessen großen Einfluss auf alle EU-Entscheidungen erhalten. Im Folgenden soll gezeigt werden, wie die neue QMR eine solche Hierarchie begründet und wie eine faire Abstimmungsregel aussehen müsste. Zunächst ist zu definieren, wann ein Abstimmungssystem als fair gelten kann. Eine aus input-orientierter Legitimationsperspektive überzeugende Regel definiert ein Abstimmungssystem dann als fair, wenn alle Wähler unabhängig von ihrem Herkunftsland denselben Einfluss auf Entscheidungen haben (vgl. Kirsch 2007: 357). Eine mögliche Lösung, diese Regel umzusetzen, zeigen nationale Parlamente in den europäischen Staaten auf. So basieren parlamentarische Abstimmungssysteme auf dem Prinzip der Repräsentation. Alle Wahlkreise haben circa dieselbe Größe, sie wählen jeweils einen Vertreter ins Parlament. Im Parlament hat jeder Vertreter eine Stimme, somit repräsentiert jeder Parlamentarier jeweils eine ähnliche Anzahl von Wählern oder anders ausgedrückt, jeder Wähler hat durch die Proportionalität der Stimmen im Parlament zu der Anzahl der Wähler denselben Einfluss auf Entscheidungen.

In einem Ratssystem wie dem Ministerrat werden Wähler aber nicht direkt repräsentiert, sondern die Subsysteme der Einzelstaaten mit sehr unterschiedlichen Einwohnerzahlen. Würden die Staaten ihre Stimmenanzahl proportional zu ihrer Einwohnerzahl erhalten, würden die kleinen Staaten keinen Einfluss entfalten können. Dies lässt sich gut am Beispiel der QMR der EU6 demonstrieren. Die QMR in der EWG sah für Deutschland, Frankreich und Italien je vier Stimmen vor, Belgien und die Niederlande erhielten zwei Stimmen, Luxemburg erhielt eine Stimme. Das Quorum für eine Mehrheit lag bei 12 von 17 Stimmen. Deutschland hatte zu dieser Zeit circa 160-mal mehr Einwohner als Luxemburg, hätte nach einer proportionalen Stimmverteilung also die Stimmenanzahl Luxemburgs multipliziert mit dem Faktor 160 erhalten müssen. Aus dieser Perspektive war Luxemburg mit einem Stimmverhältnis von 1 zu 4 gegenüber Deutschland stark privilegiert. Trotz dieser bevorzugenden Behandlung liegt bei näherer Betrachtung der Einfluss von Luxemburg bei Null. Mit dem Quorum von zwölf Stimmen für eine Mehrheit gibt es schlichtweg keine Koalition, die Luxemburgs Stimme zur Erringung einer Mehrheit benötigt. Somit hatte Luxemburg auch keine Verhandlungsmacht, um eigene Positionen durchzusetzen. Obwohl das Proportionalitätsgebot zugunsten von Luxemburg gebrochen wurde, waren die Wähler aus Luxemburg ohne Einfluss auf Entscheidungen in der EWG (vgl. Baldwin/Widgren 2004: 5). Es zeigt sich, dass eine proportionale Stimmverteilung in einem Ratssystem erst recht keine faire Abstimmungslösung bieten kann. Die starke Heterogenität der Bevölkerungsgrößen würde kleine Staaten unnötig für die Koalitionsbildung machen, es sei denn, es würde ein sehr hohes Mehrheitsquorum festgelegt. Mit einer solchen Lösung wäre man aber schon wieder nahe an einem Konsenssystem. Um ein faires Abstimmungssystem für heterogene Abstimmungspartner zu konstruieren, muss deshalb eine disproportionale Stimmgewichtung vorgenommen werden, welche die Gleichheit des Einflusses aller Wähler garantiert. Hierzu ist es notwendig, den „Einfluss" oder die „Macht" jedes einzelnen Teilnehmers analytisch zu quantifizieren. Ein mathematisches Konzept, welches diese Analyse ermöglicht, ist der normalisierte Banzhaf-Index (NBI). Kernidee des NBI ist es, Macht als Fähigkeit zu verstehen, ein Abstimmungsergebnis durch die eigene(n) Stimme(n) zu verändern. Zu diesem Zweck werden alle möglichen Stimmkoalitionen in einem Abstimmungssystem statistisch aufbereitet, im Falle des Ministerrats sind dies 2^{27} Koalitionsmöglichkeiten. Der Prozentsatz aller Situationen bzw. Koalitionsmöglichkeiten, in denen die Stimmangabe eines Landes A die Abstimmungsentscheidung verändern würde, nennt man „Penrose Number". Bildet man den Quotienten aus der „Penrose Number" eines Landes A zu der Summe der „Penrose Number" aller anderen Länder im Abstimmungssystem, so erhält man den Banzhaf-Index des Landes A. Analog lässt sich der NBI aller Länder errechnen, welcher den jeweiligen Anteil der Entscheidungsmacht im Abstimmungssystem repräsentiert (vgl. Kirsch 2004: 1-2 und Kirsch 2008: 64-68). Tabelle 4. (siehe Anhang) listet den NBI für die einzelnen Länder der EU25 im Ministerrat nach der QMR von Nizza, dem gescheiterten Verfassungsentwurf, dem Lissabonvertrag und einem alternativen Quadratwurzelmodell auf. Um nun ein faires Abstimmungssystem zu konstruieren, muss die Bedingung erfüllt sein, dass jeder Wähler den gleichen Einfluss oder Machtindex erhält. Die Verteilung der Stimmen zwischen den Staaten muss also insoweit disproportional sein, sodass Vorteile durch die Bevölkerungsgröße bei der Koalitionsbildung neutralisiert werden. Bereits 1946 erfand der Mathematiker Lionel Penrose ein solches Abstimmungssystem. Das von ihm formulierte Quadratwurzelgesetz besagt, dass der Einfluss eines Regierungsvertreters proportional zur Quadratwurzel aus der Bevölkerungszahl seines Landes sein muss, damit jeder Wähler den gleichen Einfluss hat (vgl. Kirsch 2007: 360-367). Um dieses Gesetz auf den Ministerrat anwenden zu können, muss ein Abstimmungssystem gefunden werden, welches die Macht nach dem Quadratwurzelgesetz auf die einzelnen Ratsmitglieder verteilt. Hierzu müssen die Stimmgewichte nach den Quadratwurzeln der Bevölkerungszahl vergeben und ein Mehrheitsquorum gesucht werden, bei dem der Machtindex nach den Quadratwurzeln verteilt ist (vgl. Kirsch 2008: 130). Ein solches Abstimmungsmodell, das die Stimmengewichtung nach den Quadratwurzeln verteilt und das Mehrheitsquorum auf 61,2 der Stimmen setzt, wurde von den Polen Karol Życzkowski und Wojciech Słomczyński entwickelt. Das Quadratwurzelsystem kann somit als Referenz für ein „gerechtes und faires" Abstimmungssystem für den EU-Ministerrat gelten. In einem offenen Brief stellten 47 Wissenschaftler aus 10 Staaten das Modell dem Europäischen Rat vor (vgl. Scientists for a Democratic Europe 2004). Allerdings wurde das „faire" Quadratwurzelmodell in den Verhandlungen um das zu reformierende Abstimmungssystem nur von Polen unterstützt und setzte sich letzendlich gegenüber der „doppelten Mehrheit" nicht durch.

Vergleicht man die NBI zwischen dem Quadratwurzelsystem und der „doppelten Mehrheit" nach Lissabon, so kann man strukturelle Vor- und Nachteile der MQR für die einzelnen Länder ablesen. Tabelle 5 (siehe Anhang) zeigt die jeweiligen NBI nach der QMR von Nizza, Lissabon und der Quadratwurzelregel. In Schaubild 2 (siehe Anhang) wird graphisch aufgezeigt, um wie viel Prozent der NBI jeweils positiv oder negativ vom „fairen" Quadratwurzelmodell abweicht. Dabei zeigt sich, dass die vier bevölkerungsreichsten EU-Länder sowie die sechs bevölkerungsärmsten EU-Länder Machtzuwächse durch die „doppelte Mehrheit" erringen. Im Gegenzug verlieren die 16 mittelgroßen EU-Staaten von Spanien bis Irland an Einfluss. Es lassen sich also eindeutig Gewinner und Verlierer der Lissabonreform identifizieren. Insbesondere ein Kartell aus den Reformgewinnern Deutschland, Frankreich, Großbritannien und Italien könnte einen Zentrumskern bilden, welcher besonders leicht Koalitionen schließen kann. Der Anteil der Bevölkerung dieser vier Staaten beträgt zusammen 53 % der EU-Bevölkerung, womit die „großen Vier" gemeinsam eine Sperrminorität ausüben können (vgl. Eurostat 2010). Zur Bildung einer Koalition mit gestaltender Mehrheit benötigen die vier Staaten gemäß der QMR nach Lissabon lediglich elf weitere Staaten, die 12 % der EU-Bevölkerung repräsentieren. Eindeutige Verlierer sind hingegen die mittelgroßen Beitrittsländer von 2004. Für Polen, Rumänien, Tschechien, Bulgarien und die Slowakei ist die „doppelte Mehrheit" extrem ungünstig. Selbst mit den Stimmen von Litauen, Estland, Lettland und Slowenien, welche einen enormen Zuwachs ihrer

Stimmenmacht verzeichnen konnten, bilden die osteuropäischen Beitrittsländer keine Sperrminorität mehr (vgl. Hofmann/Wessels 2008: 18).

Ordnet man die gesamte vorangegangene Analyse zur Entscheidungsfindung in der EU in den Rahmen der neuen Imperiumstheorien ein, so zeigt sich insgesamt ein Trend zur Stärkung hierarchischer Koordinierung durch die EU. Wie im „postimperialen" Imperium von Münkler gewährt die EU seinen Mitgliedern keine gleichwertige und gerechte Partizipation. Analog scheint auch jeder Versuch gescheitert, die inputorientierte Legitimation zu stärken, und eine weitere output-orientierte Legitimationsstrategie scheint vorgezeichnet. Die Zentralisierung von Kompetenzen in Kombination mit asymmetrisch gewährten Partizipationschancen impliziert eine Einbettung des Multi-Level-Verhandlungssystems der EU in eine Makro-Hierarchie. Mit den institutionellen Vorteilen einiger EU-Staaten beim zentralen Entscheidungsverfahren scheint sich das „imperiale Zentrum" auszudifferenzieren. Die Analyse der Machtindices zeigt, dass besonders die vier größten EU-Staaten ein potenzielles Zentrum der EU bilden. Ein Makel haftet der vorgestellten Analyse der Entscheidungsverfahren allerdings an. Sie erstellt Vorhersagen, keine Aussagen für das Regieren in der EU. Die Ausbildung eines imperialen Zentrum-Peripherie-Komplexes wird erst parallel zur Ausweitung der QMR ab 2014 bzw. 2017 konstatiert. Im bisherigen Integrationsverlauf spielten Mehrheitsentscheide eine viel geringere Rolle. Aus diesem Grund soll im nächsten Schritt gezeigt werden, wie sich bereits in den letzen 10 bis 20 Jahren ein solcher imperialer Zentrum-Peripherie-Komplex ausgebildet hat. Anhand des Beispiels der Vollendung der WWU wird sich herausstellen, dass auch im Rat einstimmig getroffene Integrationsentscheidungen zur Bildung von Institutionen führen können, die kein „Positivsummenspiel" für jedes Mitgliedsland darstellen.

4.2 Die Vollendung der WWU als Beispiel eines imperialen Projekts

Am 1. Januar 1999 überführten zwölf Staaten der Europäischen Union ihre währungspolitische Souveränität in die supranational organisierte und in ihren Entscheidungen unabhängige EZB. Mit der Euroeinführung wurde nach jahrelangen Verhandlungsprozessen einer der wichtigsten Schritte der wirtschaftspolitischen Integration in der EU abgeschlossen. Die Währungsunion stellt nicht nur den funktionalistischen Abschluss des EU-Binnenmarktprojektes dar, sie wirkt auch weithin in andere Politikbereiche. So konstatiert der erste EZB-Präsident Willem F. Duisenberg im Jahr 2002: „ Durch den Euro sind wir nun eine "Schicksalsgemeinschaft". Unsere Volkswirtschaften sind eng miteinander verbunden, und deshalb gehen unsere politischen Entscheidungen nun alle an. Wir haben ein berechtigtes Interesse an den Entwicklungen und am politischen Handeln in anderen Ländern des Euroraums, weil wir davon betroffen sind – sowohl im Positiven als auch im Negativen" (Duisenberg 2002). Abgeleitet von dieser Feststellung Duisenbergs lässt sich nach elf Jahren gemeinsamer Währung in Europa die Frage nach der Art dieser „Schicksalsgemeinschaft" stellen. Gab es Konflikte bei der Errichtung des Euro und nach welchem Muster wurden sie beigelegt? Beeinflussen die Währungsunion und deren Regelwerk die Ausgestaltung nationaler Politik in anderen Politikfeldern als der Geldpolitik, bzw. bedeutet die Zentralisierung der Währungspolitik eine Hierarchisierung von anderen (nationalstaatlichen) Kompetenzen? Bildet die Währungsunion die institutionelle Grundlage eines fairen „neomittelalterlichen" Leistungswettbewerbs oder erhalten spezifische Akteure asymmetrische Vorteile im interjurisdiktionellen Wettbewerb? Ist die Währungsunion ein Positivsummenspiel für alle EU-Mitgliedsländer oder sind die Kosten und Nutzen ungleich verteilt? Im Folgenden sollen diese Fragen anhand theoretischer Analysen und empirischer Beobachtungen diskutiert und beurteilt werden. Es soll belegt werden, dass die Währungsunion zwar das „Clubgut" der Währungsstabilität bereitstellt, aber gleichzeitig neue Probleme und Konflikte schafft, welche die einzelnen Teilnehmerländer sehr unterschiedlich betreffen und nur durch die Kompetenzverlagerung weiterer, bisher nationaler Politikbereiche auf die supranationale Ebene zu lösen sind. Insofern kann die Währungsunion als imperiales Projekt verstanden werden, welches die nationalen politischen Systeme systematisch unterordnet. Der Fokus soll hierbei auf den Mechanismen der Währungsunion liegen, welche den funktionalen „Spill-Over" der Integration antreiben (vgl. Wolf 2005: 70). Die Analyse stützt sich hierbei auf die volkswirtschaftlichen Theorien der Neoklassik und des Keynesianismus.

4.2.1 Politökonomische Rolle der Geldpolitik

Zunächst werden die zwei einschlägigen volkswirtschaftlichen Theorien der Geldpolitik kurz vorgestellt. Dabei sollen ungelöste wissenschaftliche Konflikte identifiziert werden, die in der Praxis durch politökonomische Entscheidungen gelöst werden müssen. Anschließend soll kurz auf die Vor- und Nachteile der Abschaffung von Wechselkursmechanismen durch eine Währungsunion eingegangen werden. Der Antagonismus beider Theorien soll aufzeigen, welches politisches Konfliktpotenzial in der Errichtung einer geldpolitischen Institution wie der EZB liegt.

Die **neoklassische Wirtschaftstheorie** nimmt an, dass die Veränderung der Geldmenge keine realen Auswirkungen auf den wirtschaftlichen Output hat. Das reale BIP ist in diesem Modell nur von den Produktionsmöglichkeiten der Volkswirtschaft abhängig. Der Effekt einer Geld-mengenausweitung ist somit nur eine proportionale Erhöhung der no-minalen Preise, welche unverzüglich einsetzt. Aus dieser Annahme lässt sich ableiten, dass Inflation immer ein Ergebnis der Geldmengenaus-weitung sein muss. Die Kosten einer erwarteten Inflation sind aus dieser Perspektive eher gering, weil sie nur nominale Wertänderungen dar-stellen. Unerwartete Inflationen hingegen implizieren massive soziale Kosten in Form von Umverteilung. Bei jeder Form des Kredits ergibt sich bei unerwartet hoher Inflation für den Gläubiger ein Verlust, weil der Schuldner seinen Kreditbetrag in der unerwartet wertloseren Währung zurückzahlt. Aus diesem Grund plädieren Anhänger der Neoklassik zu keinem oder einem langsam stetigen Gebrauch der Geldmengenaus-weitung, um keine unerwartete Inflation auszulösen. Den Grund, die Geldmenge überhaupt auszuweiten, sieht die Neoklassik in der Wirkung der Inflation als „Schmierstoff" für die Arbeitsmärkte. Empirische Studi-en zeigen, dass Arbeitgeber selten fähig sind, Nominallöhne zu senken; die Inflation übernimmt diese Aufgabe durch die Senkung der Reallöhne und flexibilisiert somit die Lohnrigiditäten am Arbeitsmarkt. Zusam-mengefasst trennt die neoklassische Theorie nominale und reale Größen. Geld ist hinsichtlich realer Größen irrelevant. Diese Neutralitätsannahme des Geldes lässt sich empirisch in der Wirtschaftsforschung in der lang-fristigen Perspektive nachweisen. Die Rolle der Geldpolitik ist in der Neoklassik auf die Eingrenzung der Inflation auf ein niedriges Niveau ausgerichtet (vgl. Mankiw 2003: 104ff.).

Der Ansatz zur **Stabilisierungspolitik** des englischen Ökonomen John Mynard Keynes trifft andere Annahmen als die neoklassische Theorie. Keynes geht davon aus, dass das Sozialprodukt durch nachfrageindu-zierte Kapazitätserweiterungen wächst. Angebots- und Nachfrage-schocks stören die ökonomische Wohlfahrt, weil sie Wachstum und Be-schäftigung aus dem Gleichgewichtszustand bringen. Sein Ansatz ist deshalb nicht auf langfristige geldpolitische Regeln ausgelegt, sondern auf die Bekämpfung kurzfristiger wirtschaftlicher Schocks. Die hieraus formulierte Stabilisierungspolitik versucht konjunkturelle Schwankun-gen zu dämpfen, um das natürliche Niveau von Output und Beschäfti-gung zu erhalten. Die zentrale Annahme seiner zu diesem Zweck er-stellten Modelle ist die kurzfristige Preisstarrheit, daher passen Preise sich der Geldmenge erst verzögert an. Dies schafft die Möglichkeit, mit-tels Geldmengenausweitung oder schuldenfinanzierter Ausgabenpro-gramme einen eventuellen Nachfrageausfall zu kompensieren oder so-gar Wachstum zu stimulieren (vgl. Kromphardt 2004: 176ff.). Die durch Geldmengenausweitung drohende Inflation bzw. durch Verschuldung hervorgerufene Überschuldung muss allerdings in Boomzeiten immer wieder durch Sparen zurückgeführt werden.

Aus der Darstellung der beiden volkswirtschaftlichen Theorieschulen wird deutlich, dass o.g. Annahmen massiv die Ergebnisse der Analyse geldpolitischer Maßnahmen beeinflussen. Die moderne induktiv-empirische VWL konnte bisher noch keine der beiden Theorien falsifizieren. Das neoklassische Modell funktioniert empirisch eher in der langen Frist, während das keynesianische Modell eher in kurzfristigen Betrachtungsweisen wirkt (vgl. Mankiw 2003: 433ff.). In der Ausgestaltung der Fiskal- und Geldpolitik eröffnen sich somit zwei Optionen für politische Entscheidungen: entweder die passive Geldpolitik der Neoklassik zur Inflationsbekämpfung oder die aktive Geldpolitik der Keynesianer zur Stabilisierung der Ökonomie.

Unabhängig von den geldpolitischen Zielen ist eine Währungsunion wie der Euro-Raum ein spezifisches Wechselkurssystem, welches entweder versucht, die Unsicherheiten von Wechselkursanpassungen zu kontrollieren oder Wechselkursanpassungen als Steuerungsmittel einzusetzen. Je nach Ausgestaltung eines Wechselkurssystems lassen sich verschiedene wirtschaftspolitische Ziele besser verfolgen. Im Folgenden werden die spezifischen Vor- und Nachteile von flexiblen Wechselkursen und festen Wechselkursen (Währungsunion) kontrastiert. In flexiblen Wechselkurssystemen bildet sich der Wechselkurs allein nach Angebot und Nachfrage von Devisen. Der Vorteil dieses Systems ist eine automatische Korrektur oder Steuerung bei Zahlungsbilanzproblemen, weil Länder mit hohen Leistungsbilanzdefiziten (=Auslandsverschuldung) abgewertet werden, was für einen Exportanstieg sorgt. Die Geldpolitik kann bei flexiblen Wechselkursen ihre Ziele wie Inflationsbekämpfung oder Stabilisierungspolitik frei verfolgen. Der Wechselkurs dient im flexiblen System als Puffer vor externen Schocks, z.B. werden Arbeitsmarktkrisen durch Abwertungen abgeschwächt. Der gewaltige Nachteil flexibler Wechselkurse ist die Hemmungswirkung im Außenhandel. Die Wechselkursbewegungen sind für keinen Marktakteur voraussehbar. Aus diesem Grund birgt der Außenhandel immer das Risiko unvorhergesehner Verluste aus Währungskursanpassungen. Außerdem sind besonders kleinere Währungsräume anfällig gegenüber spekulativen Attacken auf ihre Währung (vgl. Mankiw 2004: 154ff.). Ein festes Wechselkurssystem bildet spiegelbildlich die Vor- und Nachteile des flexiblen Wechselkurssystems ab. Feste Wechselkurse erhöhen die Planungssicherheit im Außenhandel. Währungsspekulationen werden mit immer größer werdenden Währungsräumen massiv eingeschränkt. Auch die Nachteile fester Wechselkurse lassen sich spiegelbildlich aus den Vorteilen von flexiblen Wechselkursen ableiten. Die Geldpolitik kann nicht mehr frei agieren, sie muss zentral für den gesamten Währungsraum organisiert sein und ein gemeinsames Ziel verfolgen. Zahlungsbilanzprobleme werden nicht mehr über einen Wechselkursmechanismus gedämpft, sondern führen direkt zu Anpassungen in der Volkswirtschaft. Besonders heikel ist insbesondere bei der Gründung einer Währungsunion mit mehreren Ländern die Festlegung des „richtigen" festen Wechselkurses (vgl. Copeland S.172ff). Eine Währungsunion ist die äußerste Form fester Wechselkurse, sie ermöglicht eine einheitliche Geldpolitik unter der Bedingung der Aufgabe der Einzelwährungen. Währungsunionen bedeuten somit immer eine starke Einschränkung der wirtschaftspolitischen Unabhängigkeit für den einzelnen Teilnehmerstaat.

4.2.2 Die Genese des Euro

Im Jahr 1988 richtete der Europäische Rat den Ausschuss zur Prüfung der Wirtschafts- und Währungsunion unter Führung des Kommissionspräsidenten Jacques Delors ein. In diesem Gremium wurde das ursprüngliche Ziel des Schumannplans, die Vollendung des Binnenmarktes und der Währungsunion, wieder aufgenommen, und es wurden konkrete Schritte zur Erreichung dieses Ziels eingeleitet. Der Vertrag von Maastricht legte 1992 endgültig einen 3-stufigen Plan zur Errichtung der Gemeinschaftswährung fest (vgl. KOM 2008: 4). Im Folgenden soll die Entstehung der Währungsunion nachgezeichnet werden, von besonderem Interesse sind dabei die Teilnahmevoraussetzungen des Euro. Die Entstehung dieser Konvergenzregeln und deren Umsetzung in die Praxis dokumentieren zahlreiche Konflikte in den Verhandlungen zur Umsetzung des 3-Stufen-Plans. Sie lassen Zweifel daran aufkommen, ob sich divergierende Interessenlagen einfach in einem „kosmopolitischen Konsens" auflösen lassen.

4.2.2.1 Der Weg zum Euro

In der ersten Stufe (1990-94) der WWU wurde der europäische Binnenmarkt mit der Ratifizierung des Vertrags von Maastricht vollendet und weitere Hindernisse der finanziellen Integration beseitigt. In diesem Vertrag sind bereits die so genannten „Maastrichter Konvergenzkriterien" aufgestellt. Anhand dieser Kriterien sollte der für eine Währungsunion erforderliche Konvergenzgrad der nationalen Wirtschaftsräume gemessen und ausgerichtet werden. Das erste Kriterium fordert die Preisstabilität der Währung, gemessen an der harmonisierten Verbraucherpreisinflationsrate. Diese Inflationsrate durfte das Mittel der Inflationsraten der drei Mitgliedsländer mit dem niedrigsten Inflationsergebnis um maximal 1,5 Prozent überschreiten. Das zweite Kriterium begrenzt das zulässige jährliche Haushaltdefizit auf 3 Prozent des Bruttoinlandsprodukts des Mitgliedslandes. Das dritte Kriterium schreibt jedem Mitgliedsland eine gesamtstaatliche Verschuldung von maximal 60 Prozent des Bruttoinlandsprodukts vor oder die Tendenz, dieses Level anzustreben. Die beiden letzten Kriterien betreffen die Konvergenz langfristiger

Zinssätze und die Stabilität der Wechselkurse. Auch in diesem Bereich waren nur geringe Schwankungsbreiten zwischen den Zinsen und Wechselkursen vorgesehen (vgl. KOM 2008: 5ff.). Die Handschrift der stabilitätsorientierten Deutschen Bundesbank lässt sich klar aus den Maastrichter Konvergenzkriterien ablesen. So bedeutete die Umsetzung der Regeln zur Erreichung der Konvergenz für fast alle EU-Mitgliedsländer die Oktroyierung einer stabilitätsorientierten Wirtschafts-, Geld- und Haushaltspolitik. Das Ziel der deutschen Verhandlungsführung, die Stärke der Deutschen Mark auf den Euro zu übertragen, führte somit zur europaweiten Absage einer Wirtschaftspolitik, die mit monetären oder fiskalischen Stimuli arbeitet (vgl. Brunn 2005: 289). Um die Glaubwürdigkeit der neuen Währung zu stärken, wurde zusätzlich zum straffen Zeitplan und den strengen Konvergenzregeln eine automatische Teilnahmepflicht vertraglich fixiert. Alle Mitglieder, welche die Konvergenzkriterien einhalten, müssen dem Euro beitreten, einzig Großbritannien und Dänemark ließen sich während der Verhandlungen von dieser Pflicht per „Opt-Out" ausnehmen (vgl. Hillenbrand 2008: 411). Die folgende zweite Stufe (1994-99) der WWU sollte den Mitgliedsländern Zeit geben, die Konvergenzkriterien zu erfüllen. Bereits ein halbes Jahr nach der Unterzeichnung des Maastrichter Vertrages kam die neu aufgestellte europäische Währungszusammenarbeit in eine schwere Krise. Die Deutsche Bundesbank begann, die durch die deutsche Vereinigung angefachte Inflation mit Zinserhöhungen zu bekämpfen. Die anderen europäischen Währungen kamen durch diese Maßnahmen unter Abwertungsdruck, in dessen Folge Großbritannien aus dem EWS ausstieg und der französische Franc nur durch Interventionszusagen der Bundesbank vor der Abwertung bewahrt werden konnte (vgl. Brunn 2005: 290). Um den anhaltenden Spannungen auf dem Währungsmarkt zu begegnen, wurde 1993 die Spannbreite des Wechselkursmechanismus drastisch von 2,25% auf 15% erhöht. Diese Maßnahme entband die Zentralbanken faktisch von der Interventionspflicht, stellte aber einen herben Rückschlag zur Erreichung einer Wechselkurskonvergenz dar (vgl. ebenda 2008: 412). Ausgehend von den Turbulenzen auf den Währungsmärkten verengte sich die europapolitische Debatte in der Folge immer stärker auf die Konvergenzkriterien sowie die Chancen und Risiken der WWU und weniger auf dessen Folgewirkungen auf die politische Integration. Die Befürworter der Währungsunion griffen häufig die Effizienz- und Stabilitätsvorteile einer Währungsunion auf, aber auch die stärkere Unabhängigkeit von der amerikanischen Haushalts- und Zinspolitik. Neben dieser ökonomischen Argumentation stellten die Verteidiger des Euros die Gemeinschaftswährung auch immer wieder als wichtigstes politisches Projekt der EU dar. Die WWU bezeichnete man als Nagelprobe für die Ernsthaftigkeit der europäischen Integration, deren Scheitern katastrophale Folgen in anderen Politikbereichen wie dem Binnenmarkt haben würde. Die Kritiker hingegen forderten eine wesentlich vorsichtigere Vorgehensweise zur Errichtung einer Währungsunion. Auch sie argumentierten einerseits mit ökonomischen und andererseits mit politischen Einwänden. Vor allem von deutscher Seite kamen Stimmen, die für noch engere Voraussetzungen der Konvergenz plädierten, weil die Heterogenität der Teilnehmer die Hauptursache für Spannungen in einer Währungsunion sei. Die Bundesbank wies darauf hin, dass die Maastrichter Kriterien nur Eingangskriterien seien, also eine Institution ohne Konditionierung in die Zukunft. Die nationalen Staaten könnten mit Hilfe der Wirtschaftspolitik die Stabilitätsorientierung der Währungsunion hintertreiben. Hieraus erwächst auch die politische Kritik an der WWU: Die Stabilität einer Währung beruht nicht nur auf ökonomischen Indikatoren, sondern auch auf dem Vertrauen in die Finanz-, Tarif- und Sozialpolitik. Normalerweise steht hinter einer Währung eine klar zu identifizierende staatliche Autorität, im Falle der EU sind es viele heterogene Regierungen mit verschiedenen Zielen. Die Währungsunion greift also der politischen Union vor und soll als Antrieb für die politische Integration dienen, während in früheren Konzepten die Währungsunion als krönender Abschluss der politischen Union angesehen wurde (vgl. Hillenbrand 2008 413ff.).

4.2.2.2 Die Währungsunion in der Auseinandersetzung

Auch in der Folge kam es zu Krisen des währungspolitischen Projektes. Im Jahr 1996 erfüllten nur zwei der 15 EU-Staaten (Luxemburg, Deutschland) die Stabilitätskriterien. Zusätzlich erschütterte ausgehend von Mexiko über die USA bis nach Europa eine weitere Währungskrise das Weltfinanzsystem. Die Deutsche Mark gewann weiterhin an Wert, die italienische Lira musste über 20 Prozent abwerten. Ausgehend von diesen monetären Schocks sowie dem Verlust von europaweit circa 1,5 Millionen Arbeitsplätzen stellte sich die Frage nach der Ausrichtung der europäischen Gemeinschaftswährung erneut (vgl. Brunn 2005: 292ff.). Diese gipfelten in der Auseinandersetzung zwischen Deutschland und Frankreich in den Fragen der Auslegung der Aufnahmekriterien zum Euro, der Unabhängigkeit der EZB und der Fortführung der Maastrichter Kriterien im Stabilitäts- und Wachstumspakt. In einem Positionspapier bekannte sich die französische Regierungspartei PS 1996 zum Euro, stellte aber Bedingungen zur politischen Weiterentwicklung der Währung. Erstens sollten die Konvergenzkriterien einer „politischen Lesart" unterzogen werden, um die Dominanz der deutschen Finanzkultur zu vermeiden und Spanien sowie Italien auf jeden Fall einen Platz in der Währungsunion zu garantieren. Zweitens sollte der EZB eine europäische Wirtschaftsregierung gegenübergestellt werden. Drittens sollte die Budgetdisziplin der Beschäftigungspolitik untergeordnet werden, analog zum Stabilitäts- und Wachstumspakt sollte ein Beschäftigungspakt installiert werden. Viertens sollte der Außenwert des Euro zur Exportförderung gegenüber dem Dollar niedrig gehalten werden. Nach den Neuwahlen 1996 ging die PS erneut als stärkste Kraft hervor, was für Jospin auch als Votum zur Neuverhandlung der politischen Ausrichtung des Euro gedeutet wurde (vgl. Steinhilber 1998: 122-127). Das Tandem Deutschland und Frankreich galt immer als ein Motor der europäischen Integration. Die Konkretisierung der Währungsunion stellte die bis dahin härteste Belastungsprobe dieser Verbindung dar. In nahezu allen zentralen Verhandlungspunkten unterschieden sich die deutsche und französische Perzeption der Probleme und somit auch der anzustrebenden politischen Maßnahmen. In Frankreich stand besonders die dogmatische Auslegung des „Drei-Prozent-Kriteriums" in der Kritik. Die Regierung war innenpolitisch unter Druck. Konjunkturelle Spannungen per Deficit-spending zu bekämpfen, gehörte zum normalen Instrumentarium französischer Wirtschaftspolitik. Auf der deutschen Seite war eine konträre Lage zu beobachten. Die Konvergenzkriterien waren eine grundlegende Voraussetzung, um die DM aufzugeben. Mit der Aufweichung der Kriterien wurde die Gefahr einer „lateinischen Achse", also einer Umkehr zur bisher wenig restriktiven Geldpolitik von Italien, Spanien oder Portugal verbunden. Der zentrale Konflikt zwischen den beiden Ländern wurde über den Status und die Politik der EZB geführt. Für Deutschland war die Unabhängigkeit der Zentralbank nicht zu verhandeln. Wie die Bundesbank sollte die EZB nur der Stabilität der Währung verpflichtet sein. In Frankreich hingegen war die Zentralbank erst mit dem Vertrag von Maastricht unabhängig geworden. Die Rolle der Zentralbank wurde aber eher als dienendes Instrument gesehen, welches die Wirtschaftspolitik regulativ unterstützen sollte. Außerdem wies die französische Seite darauf hin, dass es auf der europäischen Ebene keine demokratischen Strukturen zur wirksamen Kontrolle der Zentralbank gebe, wie etwa auf nationaler Ebene. Eine weitere grundsätzliche Differenz wiesen die Vorstellungen über die internationale Ausrichtung des Euro auf. Frankreich wollte die Währung zur Exportförderung schwach halten, während Deutschland mit einer harten Währung ein monetäres Gegengewicht zum Dollar errichten wollte, um den europäischen Finanzplatz zu stärken (vgl. Steinhilber 1998: 125ff.). All diese Konfliktlinien kulminierten in den Auseinandersetzungen um den Stabilitäts- und Wachstumspakt auf dem Dubliner Gipfel 1996. Im Verlauf des Gipfels konnte sich Deutschland weitgehend mit seinen Vorstellungen durchsetzen. Die Unabhängigkeit der EZB blieb unangetastet. Der Stabilitäts- und Wachstumspakt (SWP) installierte eine fortwährende Überprüfung der Einhaltung der Maastricht-Kriterien. Die Kommission bekam die Aufgabe, die Rückführung der Verschuldung auf unter 60% des BIP bzw. 3% Neuverschuldung zu überwachen. Bei einem Verstoß kann der Rat ein Verfahren zur Sanktionierung des Defizitsünders einleiten, welche zwischen 0,2% bis 0,5% des BIP betragen können (vgl. KOM 2008: 10). Einen Automatismus dieser Sanktionen verhinderte die französische Regierung. Ein weiteres Entgegenkommen gegenüber Frankreich war die Ausarbeitung einer „Resolution zu Wachstum- und Beschäftigung". Diese enthielt allerdings keine rechtsverbindlichen Richtlinien oder Sanktionsmechanismen. Der französische Premier Jospin bezeichnete den Stabilitäts- und Wachstumspakt später als „absurde Konzession" an die Deutschen, welcher die Möglichkeiten einer antizyklischen Haushaltspolitik drastisch einschränkt. Zu einer Blockade konnte sich die französische Regierung allerdings nicht entschließen, weil sie isoliert mit ihrem Anliegen dastand (vgl. Steinhilber 1998: 129-132). Hinter allen Konflikten vor und auf dem Dubliner Gipfel standen somit diametrale Interessengegensätze über die politökonomische Ausrichtung der zukünftigen EZB. Zur Konfliktlösung gab es keinen Mittelweg oder Kompromiss nach einer Sowohl-als-auch-Logik (Beck/Grande). Die deutsche Verhandlungsposition war geprägt von den positiven Erfahrungen des Landes mit der unabhängigen Bundesbank (vgl. Göler 2009: 6). Daraus ist aber nicht der Schluss zu ziehen, dass die deutsche Position durch einen „nationalen Blickwinkel" deformiert gewesen sei. Entweder ist eine Zentralbank unabhängig, dem politischen Prozess entzogen und kann frei mit dem Ziel der Währungsstabilität agieren, oder sie ist der Politik untergeordnet und muss diese Zielsetzung zugunsten wirtschaftspolitischer Interventionen einschränken oder aufgeben. In diesem Sinne dokumentiert die deutsche Position die Anhängerschaft an eine neoklassische Position zur Geldpolitik und keinen nationalen Blickwinkel, welcher einfach durch einen „kosmopolitischen" Perspektivenwechsel zu beseitigen wäre. Interessenkonflikte lassen sich nicht immer als „Positivsummenspiel" auflösen, bei zwei gegenläufigen Alternativen kann nur eine umgesetzt werden. Im Ergebnis konnte der stärkste geldpolitische Akteur Deutschland seine Vorstellungen nicht nur durchsetzen, sondern auch in eine institutionelle Form gießen. Die Arbeitsaufnahme der EZB am 01.01.1999 bedeutete für die Staaten des zukünftigen Euroraumes faktisch den Entzug eines der zentralsten Bereiche der Wirtschaftspolitik aus der politischen Auseinandersetzung. Dabei ist anzumerken, dass die deutsche Position keineswegs ökonomisch-funktionale Zwangsläufigkeiten exekutiert, sondern rein politischer Natur war. Sogar aus der Perspektive neoklassischer Ökonomen ist die deutsche Position zu kritisieren, denn neben den monetären Stabilitätskriterien wurden keine anderen realwirtschaftlich relevanten Zusammenhänge, die eine gute Funktionalität eines Währungsraumes ausmachen, berücksichtigt. Infolge einer Währungsunion müssen alle ökonomischen Anpassungsprozesse, die vorher über den Wechselkursmechanismus ausgeglichen wurden, über die Realwirtschaft ablaufen. Dabei ist es unwahrscheinlich, dass der europäische Binnenmarkt diese Funktion bereits effektiv erfüllen konnte, zumal er erst wenige Jahre vor der Währungsunion in Kraft getreten war. Empirische Studien deuten darauf hin, dass es deshalb zu negativen Externalitäten kam, z.B. in Form von Arbeitslosigkeit für einzelne Staaten der Währungsunion (vgl. Baldwin/Wyplosz 2008: 361-365).

4.2.3 Politische Praxis der Währungsunion

Gemäß § 105 II EGV nahm die EZB ihre Arbeit mit dem Vorrang der Preisstabilität auf. Ihre Aufgabe soll sie weisungsunabhängig von jeglicher politischen Institution erfüllen. Allerdings kann sie zu diesem Zweck nur auf geldpolitische Mittel zurückgreifen, wie dem Devisenhandel oder der Geldmengenausweitung. Die institutionelle Absicherung dieser Politik über den SWP liegt in der Hand von Kommission und Rat. Im Folgenden soll die geldpolitische Praxis der EZB und Umsetzung des Stabilitäts- und Wachstumspaktes durch die Kommission dargestellt werden. Dabei zeigt sich, wie die EU nach einem eigentümlichen Doppelstandard zur Durchsetzung des Regelwerks in einzelnen Mitgliedsstaaten interveniert. Die Zielvorgabe zur Wahrung der Geldwertstabilität liegt für die EZB auf einem angestrebten Wert von 2 Prozent Inflationsrate. Neben dem Einsatz des geldpolitischen Instrumentariums der EZB begann die Kommission mit dem Start der Währungsunion auch die Überwachung der Wirtschaftssituation nach stabilitätsorientierten Maßstäben. In enger Abstimmung mit dem EU-Rat werden seitdem Leitlinien für die Wirtschaftspolitik der einzelnen Nationalregierungen erarbeitet, welche aber nur den Charakter einer Empfehlung besitzen. Besonders der Ecofin-Rat konnte sich als informelles Gremium zur Koordination der Wirtschaftspolitiken etablieren (vgl. Alsheimer 2007: 30). In der wirtschaftspolitischen Praxis kam es im Rat und der Kommission schnell zum Dissens über den SWP und die Koordination der Wirtschaftspolitik. Die schwache Wirtschaftsentwicklung nach dem 11. September 2001 brachte den Haushalt mehrerer EU-Länder unter Druck. Infolgedessen verfehlten Deutschland und Frankreich 2002, 2003 und 2004 die Defizitkriterien des SWP. Die EU-Kommission reagierte mit Defizitverfahren gegen die „Sünder", allerdings noch ohne Sanktionen. Deutschland versuchte die geforderten Maßnahmen zur Budgetkorrektur umzusetzen, Frankreich hingegen weigerte sich, um mit expansiven Ausgabenprogrammen Arbeitsplätze schaffen zu können. Die Auseinandersetzung gipfelte im November 2003 in einer Kampfabstimmung über härtere Auflagen und Sanktionen gegen die Defizit-Sünder im Europäischen Rat. Mit der Durchsetzung Frankreichs und Deutschlands gegen härtere Maßnahmen wurde der SWP faktisch unterlaufen. Unter erheblichem Druck der Mitgliedsstaaten wurde im Jahr 2005 der SWP zu Gunsten größerer nationaler Spielräume verändert. Für die Einleitung von Defizitverfahren wurden Ausnahmetatbestände zur Berücksichtigung eingeführt, wie z.B. die Reform des Rentensystems oder die Kosten der deutschen Wiedervereinigung (vgl. Hillenbrand 2008: 422-23). Die zentralen europäischen Mächte zeigten somit, dass sie in Lage sind, sich durch ihre Mehrheitsposition im Ecofin-Rat einer supranationalen Konditionierung zu entziehen und sogar Regeln zu ihren Gunsten zu verändern. Aber auch darüber hinaus wurden keine strikten Maßnahmen der EU zur Einhaltung des SWP durchgesetzt. Insbesondere der Beitritt Griechenlands zur Währungsunion zeigt die zunächst geringe politische Konditionalität des SWP. Seit dem Beitritt zum Euro 2001 konnte Griechenland nur ein einziges Mal das Defizitkriterium zur Neuverschuldung einhalten. Außerdem wurde im Nachhinein bekannt, dass sich Griechenland den Beitritt zur Währungsunion durch Fälschung von Verschuldungszahlen erschlichen hatte (vgl. Hillenbrand 2008: 426). Die währungspolitische Praxis der EZB lief reibungsloser ab. Trotz der wenig konditionalisierten Umsetzung des SWP durch die EU gab es zunächst keine negativen Auswirkungen auf die Stabilität der Währung. In den ersten beiden Jahren setzte die EZB ihr Zinsinstrument eher behutsam ein. Ab dem Wirtschaftseinbruch infolge des 11. September 2001 betrieb die EZB hingegen eine Niedrigzinspolitik, wobei die Preisstabilität wegen der Konjunktureinbrüche gewahrt blieb. Dem weltweiten Wirtschaftsaufschwung ab 2005 begegnete die EZB wieder mit höheren Zinsen, der Finanzkrise 2008/09 wurden massive Zinssenkungen und Eingriffe in die Devisenmärkte entgegengestellt. Im Ergebnis verfolgt die EZB penibel ihre Aufgabe zur Wahrung von Preisstabilität, wie sie im EGV festgelegt ist. In Schaubild 3. wird deutlich, dass die EZB das Inflationsziel mit einer durchschnittlichen Inflationsrate von 2,1 Prozent/Jahr fast exakt erreicht. Ein zweites Kriterium der Währungsstabilität ist der Außenwert des Euro. Anfangs beurteilten die internationalen Märkte den Euro eher skeptisch, vom Startpunkt 1999 fiel der Wechselkurs gegenüber dem Dollar von 1,17$ auf 0,83$ im Oktober 2000 (vgl. Almunia 2007: 11). In Schaubild 4 wird aber ersichtlich, dass der Euro seitdem kontinuierlich an Stärke gewinnt und sich auch in den Turbulenzen infolge der internationalen Finanzkrise 2008/09 als robust erweist. Insgesamt ist der Euro somit in seinem inneren und äußeren Wert sehr stabil. Zusammenfassend kann somit festgestellt werden, dass die Konditionalität des SWP-Regelwerks nicht hierarchisch durchgesetzt wurde, solange die EZB reibungslos ihre Aufgabe erfüllen konnte. Aktuelle Entwicklungen, ausgelöst durch die internationale Finanzkrise, scheinen nun die nur weiche Umsetzung des SWP zu ändern. Die Kommission hat gegen 20 von 27 EU-Staaten Defizitverfahren eingeleitet, weil die Bankenrettungs- und Konjunkturmaßnahmen sowie Steuerausfälle die Neuverschuldung in den Staaten in ungeahnte Höhen trieben (vgl. KOM 2010). Ob es zu Sanktionen durch die EU oder sogar Eingriffe in die nationalen Politikfelder kommt, ist jedoch noch relativ unklar, denn es wurden mehrjährige Fristen zur Beseitigung der Defizite eingeräumt (Council 2009: 2). Eine Ausnahme hierzu bildet Griechenland. Im Oktober 2009 hatte die griechische Regierung einräumen müssen, zum wiederholten Mal Statistiken zur Neuverschuldung geschönt zu haben. Über Nacht verdoppelte sich das Defizit auf 12-13% des BIP Griechenlands (vgl. Mussler 2009). Die Finanzmärkte reagierten mit einer Abwertung des Kredit-Ratings von Griechenland und verteuerten somit die Refinanzierung der Staatsschulden weiter (vgl. Brost 2010). Im Anbetracht dieser Zahlen setze die Kommission eine enge Frist, um angemessene Pläne zur Haushaltskonsolidierung zu erstellen. Mit dem Ablaufdatum Februar 2010 wurde der Regierung Griechenlands nur wenig Spielraum gelassen. Der enge Zeitplan offenbart, dass die Kommission an keine eigenständige Lösung Griechenlands mehr glaubt. Analysten konstatieren, dass Griechenlands finanzielle Probleme keine konjunkturellen, sondern strukturelle Gründe haben. Dem Land bleiben in der kurzen Frist keine Chance, auf demokratischem Weg einen Sanierungsplan für den Staatshaushalt aufzustellen. Diese Situation lässt für den Februar 2010 erwarten, dass der Rat der Finanzminister für Griechenland formal feststellen wird, dass das Land keine ausreichenden Maßnahmen zur Defizitbeseitigung umgesetzt hat. Damit wäre der Weg für monetäre Sanktionen und Konditionierung mittels des Einfrierens der Mittel des EU-Kohäsionsfonds frei (vgl. Heinen 2009). In der Praxis bedeutet dies für Griechenland eine enge Überwachung des Staatshaushalts durch die EU und den Zwang zu tiefgreifenden Reformen zur Drosselung der Staatsausgaben. Mit anderen Worten verliert das griechische Parlament seine Haushaltshoheit (vgl. News.de 2010). Dieses Vorgehen mag ökonomisch geboten sein, um den Euro als stabile Währung zu erhalten, zeigt aber auch, dass die EU über wirksame hierarchische Eingriffsmöglichkeiten verfügt. Die Intervention in einen Kernbereich nationaler Souveränität erfolgt ganz nach „postimperialem" Muster. Solange die Gesamtordnung des imperialen Projekts Währungsunion nicht gefährdet ist, bleibt der SWP nur ein „Schatten der Hierarchie". Eine hierarchische Intervention geschieht genau dann, wenn der Eindruck entsteht, dass das Verhalten eines Akteurs den Zusammenhalt des Euroraums insgesamt gefährdet bzw. die konstituierte Ordnung bedroht erscheint (vgl. Handelsblatt 2009a). Im Konflikt zwischen dem demokratischen Selbstbestimmungsrecht (EU-Mission) der Griechen und den Steuerungsanforderungen zur Erhaltung des Euro (Räson) entscheidet sich die EU zur Aufrechterhaltung seiner Ordnung. Ob ein solcher hierarchischer Zugriff auch gegen einen weniger peripheren EU-Staat als Griechenland durchgesetzt wird, bleibt hingegen abzuwarten.

4.2.4 Die WWU als imperiales Projekt -
Implikationen auf nationale Politiken und Sozioökonomie

Mit der Umsetzung der Währungsunion wurde das europäische Bin-
nenmarktprojekt vervollständigt. Die Möglichkeit zur Steuerung mittels
Wechselkursintervention entfällt für den einzelnen Staat, der letzte
„Schockabsorber" zwischen den einzelnen Ökonomien des Euroraumes
ist gefallen. Somit erreicht der interjurisdiktionelle Wettbewerb in der
EU eine neue Qualität. Der Wettbewerb zwischen den Staaten wird
strukturell verankert, Handlungsspielräume der Nationalstaaten werden
entzogen und die Transformation von Ökonomie und Staatlichkeit vorangetrieben. Insofern kann die WWU als imperiales Projekt verstanden
werden, welches den Wettbewerb als Steuerungsinstrument einsetzt, um
die Staaten zu disziplinieren mit dem Ziel, einen asymmetrisch überlegenen (imperialen) Wirtschaftsblock zu schaffen. Ganz ähnlich formulierte der Europäische Rat im Jahr 2000 in seiner Lissabon-Strategie die
wirtschaftspolitische Zielmarke: „Die Union hat sich heute ein neues
strategisches Ziel für das kommende Jahrzehnt gesetzt: das Ziel, die
Union zum wettbewerbsfähigsten und dynamischsten wissensbasierten
Wirtschaftsraum in der Welt zu machen" (Europäischer Rat 2000: 3). Im
Folgenden sollen zwei Fragen die weitere Argumentation leiten. Erstens:
Über welche Mechanismen wirkt die indirekte Hierarchie des Wettbewerbs in die Jurisdiktionen der EU-Staaten? Zweitens: Wie sind die Lasten und Kosten bzw. Vorteile und Nutzen der Vollendung des Binnenmarktes geteilt, wird ein „europäisches Gemeinwohl" gefördert oder
sind verschiedene Länder oder gesellschaftliche Gruppen unterschiedlich betroffen?

4.2.4.1 Anpassungslasten und Wettbewerbsimperativ

Im Bereich Finanz- und Wirtschaftspolitik begrenzt der SWP die nationalen Spielräume auf ein sehr enges Niveau. Bei einem durchschnittlichen Schuldenstand von 60,5% des BIP im Euroraum sind fiskalische
Stimuli, außerhalb konjunktureller Krisen, faktisch ausgeschlossen. Die
Setzung der Verschuldungs- und Neuverschuldungsregeln ist willkür-
lich erfolgt, sie orientiert sich daher an keiner ökonomischen Gesetzmä-
ßigkeit. Problematisch an dieser Regelung sind die starre Fixierung der
Neuverschuldungsgrenzen und die fehlende Differenzierung zwischen
aktiver und passiver Verschuldung. Besonders die Chancen eines akti-
ven, investiven Deficit-Spendings, welches die fiskalische Stabilität nicht
gefährdet, sondern über Wachstums- und Beschäftigungserhöhung die
Konjunktur anregt, werden beschränkt. Dies verstärkt den Strukturwandel öffentlicher Ausgaben zu Ungunsten von Investitionen, da Kürzun-
gen bei neuen Investitionsprojekten meist einfacher politisch durchsetz-
bar sind als die Begrenzung öffentlicher Transferzahlungen (vgl. Heise

1999: 105). Der SWP schränkt durch diesen Mechanismus die Möglichkeiten der Wirtschaftspolitik, alternative Ziele, wie Vollbeschäftigung oder ökologische Nachhaltigkeit, zu verfolgen zunehmend ein. Verschärft wird diese Entwicklung durch den Steuerwettbewerb in der EU. Einerseits müssen die Regierungen den Unternehmen niedrigere Steuern bieten, um den Standort attraktiv zu halten, andererseits müssen genug Einnahmen generiert werden, um die SWP-Vorgaben zu erfüllen. In diesem Dilemma bleibt häufig nur die Wahl, entweder investive Ausgaben oder öffentliche bzw. soziale Dienstleistungen zurückzufahren. Die monetäre Union übt in dieser Weise einen Druck auf die europäischen Sozialstaaten, besonders die ökonomisch schwächeren Länder, aus (vgl. Altvater/Mahnkopf 2007: 107-108). In der Lohnpolitik werden Höhe, Struktur und Entwicklung der Arbeitseinkommen von unselbstständiger Arbeit bestimmt. In den Staaten des Euroraumes haben sich verschiedenste Formen der Lohnfindung entwickelt, wie z.B. die kollektive Lohnfindung mittels Tarifpartnern, nationaler oder branchenspezifischer Mindestlöhne oder dezentraler Aushandlungen. Orientiert sich die Lohnfindung nicht am Produktivitätswachstum, so hat sie auch Auswirkungen auf das Beschäftigungslevel. Im Rahmen des Maastrichter Vertrages und des SWP wurden keine einheitlichen Lohnfindungsprozesse oder ein lohnpolitischer Koordinierungsmechanismus vereinbart (vgl. Lange 2007: 47). In der nun eingetretenen Konkurrenzsituation zwischen den einzelnen nationalen Ökonomien geraten die Tarif- und Lohnpolitiken unter Druck. Ohne Abwertungsmöglichkeit der Währung ist die Arbeitnehmerseite gezwungen, die Lohnpolitik an die Lohnstückkostenentwicklung anzupassen. Besonders in Wirtschaftssektoren, deren Produktivitätslevel niedriger verglichen mit anderen EU-Ländern liegt, führt dies zu Lohneinbußen oder bei Lohnrigiditäten zu Arbeitslosigkeit (vgl. Heise 1999: 102-103). Um Arbeitslosigkeit zu vermeiden, fordert die monetäre Union somit eine hohe Lohnflexibilität der Arbeitnehmer und in weniger wettbewerbsfähigen Sektoren einzelner Ökonomien sogar Lohneinbußen oder die Bereitschaft zur Arbeitsmigration. Gewinner dieser Entwicklung ist die Kapitalseite. Empirische Arbeiten zeigen, dass die Mobilität von Arbeitnehmern weit weniger zugenommen hat als die des Kapitals (vgl. Baldwin/Wyplosz 2008: 364). In Lohnverhandlungen kann die Kapitalseite immer auf die Wettbewerbssituation verweisen und glaubwürdiger als die Arbeitnehmer mit der Abwanderung drohen. Verlierer dieser Entwicklung ist die Arbeitnehmerseite, sie trägt die Anpassungslasten der stabilitätsorientierten Fiskal- und Geldpolitik (vgl. Altvater/ Mahnkopf 2007: 105-106).

Die Auswirkungen des verschärften interjurisdiktionellen Wettbewerbs betreffen natürlich nicht nur die Staaten des Euroraums. Insbesondere die im EU-Vergleich unterentwickelten neuen Beitrittsländer Osteuropas sind durch den ökonomischen Wettbewerb und die starke Währung des Euroraumes zur Transformation gezwungen. Eigentlich ist zu erwarten, dass die zwölf Beitrittsländer wegen ihres geringen Lohnniveaus massive komparative Vorteile besitzen und somit durch Export-getriebenes Wachstum stark von der WWU profitieren. In der Praxis zeigte sich, dass zwar massive Direktinvestitionen in Richtung Osteuropa flossen und das Wachstum der Volkswirtschaften befeuert wurde. Bis 2006 flossen kumuliert ca. 281,9 Mrd. € in die zwölf neuen Mitgliedsländer. Die Gewinne dieses Wachstums wurden allerdings meist von den westlichen Investoren wieder abgeschöpft und in die „Sicherheit" des stabilitätsorientierten Euroraums zurückgeholt. So weist die Leistungsbilanz der neuen Beitrittsländer für 2006 durchschnittlich ein Defizit von 5,6 % des BIP aus. Die Exporterlöse können also die monetären Rückflüsse nicht ausgleichen. Aus diesem Grund musste das Wirtschaftswachstum fremdfinanziert werden, der Schuldenstand der neuen EU-Staaten betrug für 2006 ca. 363. Mrd. € und übertraf somit die kumulierten Direktinvestitionen bei weitem (vgl. Hofbauer 2007: 262-263).

Dieses kreditgetriebene Wachstum gepaart mit Leistungsbilanzdefiziten wird in der aktuellen Finanzkrise zum Bumerang. Kurzfristige Auslandsverbindlichkeiten können meist nur noch über den Ausverkauf der Währungsreserven bedient werden. Zinslasten und Einnahmeausfälle im Export verschärfen die Schuldenkrise und bringen die Gefahr einer Währungskrise mit sich (vgl. Fehr 2009). Die Offenheit der europäischen Kapitalmärkte lässt den Regierungen Osteuropas in dieser Situation nur wenige Handlungsoptionen. Entweder sie unterwerfen sich der Politik der monetären Stabilität, um ihre Schulden besser refinanzieren zu können. Oder sie bekämpfen die massiven Krisenauswirkungen und riskieren den Staatsbankrott und gleichzeitig die Entwertung der inländischen Vermögen. Eine Übernahme westeuropäischer Standards wie z.B. das Sozialmodell rückt für Osteuropa somit in weite Ferne. Kritiker sprechen in diesem Zusammenhang von einer „Zurichtung Osteuropas zur Peripherie" durch den Eintritt in die WWU (vgl. Hofbauer 2007: 254).

Ein Entzug der strukturellen Zwänge des interjurisdiktionellen Wettbewerbs ist nicht möglich, allein der Versuch kann massive negative Auswirkungen haben. Ein gutes Beispiel hierfür ist Spanien, welches eigentlich immer als ökonomischer Profiteur der WWU galt. Spanien konnte seine Ökonomie seit dem Beitritt zur EU fast auf den durchschnittlichen Wohlstandslevel, gemessen am BIP der EU-15, bringen. Der Wegfall des Wechselkursmechanismus im Zuge der Währungsunion offenbarte aber die mangelnde Wettbewerbsfähigkeit der spanischen Industrie. Auf die Schrumpfung im verarbeitenden Gewerbe reagierte die spanische Regierung nicht mit Reformen zur Flexibilisierung. Stattdessen konzentrierten sich die ökonomischen Aktivitäten im stark boomenden Bausektor, welcher durch die Niedrigzinsen der EZB hohe Renditen versprach und die Arbeitslosigkeit begrenzte. Die Anpassung an den Euro in Spanien erfolgte also nicht über schmerzhafte Reformen, sondern einen kurzfristigen Strukturwandel (vgl. Royo 2007: 171ff.). Heute steht Spanien vor den Scherben dieser Politik. Nach dem Platzen der Immobilienblase hat Spanien nicht nur seinen Boomsektor verloren, sondern es auch versäumt, rechtzeitig Reformen einzuleiten, um seine Industrie wettbewerbsfähiger zu machen (vgl. Handelsblatt 2009b). Die Arbeitslosenrate stieg rapide von 8,3 % im Jahresdurchschnitt von 2007 auf 19,3% im September 2009, was einen Höchststand für ganz Europa markiert (vgl. ECB Statistics 2009: 44). Dieses Beispiel zeigt deutlich die Kosten einer Politik auf, die versucht, der Wettbewerbs- und Stabilitätsorientierung der WWU zu entgehen, und wer die Anpassungslast in Zukunft tragen wird.

Zusammenfassend kann aus den Implikationen der Währungsunion eindeutig ein Imperativ der Wettbewerbsfähigkeit abgelesen werden. Die Konstruktion des SWP zwingt die europäischen Regierungen implizit zu einer passiven Wirtschafts- und Fiskalpolitik sowie zu Reformen der Arbeitsmärkte. Die Alternativen zu diesem Zustand hätten wiederum massive Konsequenzen für die europäische Integration, entweder die Rückkehr zu nationalen Währungen oder die weitere Zentralisierung der wirtschaftspolitischen Kompetenzen auf EU-Ebene.

4.2.4.2 Die WWU als Projekt der hegemonialen Klasse

Wie kann die hierarchische Verankerung des Wettbewerbsprinzips durch die Währungsunion und die WWU mit seinen weitreichenden Wirkungen auf die europäischen Staaten erklärt werden? Welche Triebkräfte und Profiteure stecken hinter einer solchen Entwicklung?

Eine mögliche Perspektive auf diese Fragen gibt die neogramscianische Analyse der EU. Die Ausbildung dominanter Macht- und Herrschaftsverhältnisse, welche starke internationale Regime mit präzisen, strikten Regeln hervorbringen, bezeichnen Neogramscianer als Hegemonie oder historischen Block. Diese Hegemonie bildet über Machtverhältnisse, Ideologie und Institutionen eine gemeinsame Struktur von Staat und Zivilgesellschaft. Die Zivilgesellschaft ist in dieser Konzeption kein offenes Kommunikationsfeld, sondern eine „vermachtete" Arena. Die zentrale Rolle für die Legitimierung der Hegemonie in der Zivilgesellschaft spielen „organische Intellektuelle. Sie sind die Produzenten der politischen und moralisch-ethischen Führung. Ihre Führung wird als allgemeines, universelles Interesse und nicht als partikular wahrgenommen. In dieser Rolle schaffen sie die Hegemonie mit dem Konsens über „Sachfragen". Der Staat konstituiert diese Hegemonie in der Ausgestaltung der Institutionen und reagiert mit Zwang gegenüber alternativen Ausbruchsversuchen aus dem Konsens. Staat und Zivilgesellschaft werden so zu komplementären Teilen eines integralen Staates (vgl. Cox 1998:76ff.). Die zentrale Aufgabe von Institutionen innerhalb der hegemonialen Konstellation ist eine „moderierende" oder abfedernde Funktion. Institutionen fangen die Widersprüche und Härten der Hegemonie auf Teile der Zivilgesellschaft ab, sie schaffen einen Ausgleich zu den strikten Prinzipien der Hegemonie, ohne sie in Frage zu stellen (vgl. Cox 1998: 43-48, 83ff.).

Mit der stetigen Ausweitung der Politikfeldkompetenzen, den supranational verankerten Governance-Institutionen und dem steigenden Gewicht von transnationalen Kommunikationsnetzwerken, lässt sich das neogramscianische Konzept des Staats-Zivilgesellschaft-Komplexes auf die EU übertragen (vgl. Bieling 2006: 424). Anhand dieses Analyserasters eröffnet sich somit eine neue Perspektive auf die monetäre Union in der EU. Die negramscianischen Theoretiker verorten die Währungsunion bzw. die WWU als Teil eines hegemonialen Projektes in der europäischen Integration. Dieses hegemoniale Projekt zielt auf die Transformation europäischer Staatlichkeit mittels Flexibilisierung und Deregulierung der Güter-, Kapital-, Dienstleistungs- sowie Arbeitsmärkte (vgl. Bieling / Steinhilber S.109). Die Währungsunion ist hierbei Teil einer breiteren Strategie, welche die Bedingungen für ein finanzmarktgetriebenes, transnationales Akkumulationsregime nach US-Vorbild ermöglichen soll. So gesehen ist diese Strategie auch ein „postimperiales" Projekt, weil versucht wird, die Leistungs- und Wettbewerbsfähigkeit der europäischen Ökonomie mit dem Ziel zu steigern, den asymmetrischen Charakter der transatlantischen Wirtschaftsbeziehungen zu überwinden (vgl. Bieling 2006: 421). Mit anderen Worten: Es soll für die EU die materielle Basis imperialer Herrschaft erzeugt werden, um sich gleichzeitig von der ökonomischen Dominanz der USA zu emanzipieren.

Die zivilgesellschaftlichen Eliten, die das hegemoniale Projekt vorantreiben, rekrutieren sich vor allem aus transnationalen Elitenzirkeln, Industrie- und Arbeitgeberverbänden, privaten Finanzinstitutionen und der Wirtschaftsforschung (vgl. Bohle 2005: 201-202). Einen hegemonialen Konsens erreichten diese Akteure über die Konstruktion der finanzmarktgetriebenen Restrukturierung Europas und des Wettbewerbsimperativs als Win-Win-Situation. Das freie Spiel der Marktkräfte und damit auch des Finanzkapitals wurde als essentielle Voraussetzung zur Mobilisierung von neuen Investitionen sowie Innovationen und als Vorraussetzung zur Schaffung neuer Arbeitsplätzen kommuniziert (vgl. Bieling 2006: 431). Hierarchisch abgesichert wurde dieser hegemoniale Konsens mittels supranationaler Institutionen. Ein Beispiel für eine hegemoniale Institution dieses Projektes ist der Stabilitäts- und Wachstumspakt. Der SWP begrenzt zwar nicht direkt staatliches Handeln und baut auch nicht direkt soziale Dienstleistungen ab, trotzdem fördert der Pakt durch seine

Ausgestaltung indirekt die Transformation in eine schlankere und flexiblere Form der Staaten, ganz nach neoliberalen Vorstellungen. Die sozialstaatlichen Institutionen, die bisher einen Ausgleich zum Markt bieten, werden erstens durch den SWP geschwächt und zweitens durch das Verbleiben auf nationaler Ebene der hegemonialen Wettbewerbslogik unterworfen.

Zu den Gewinnern dieser Entwicklung gehören vor allem solche Akteure, die mit strukturellen Vorteilen in den interjurisdiktionellen Wettbewerb starten. Hierzu gehören z.b. die Staaten im Kern Europas, die ihre Ordnung nur wenig an die supranationale Hierarchie anpassen müssen. Dazu gehören aber auch die meist westeuropäischen Konzerne, welche ihre Wertschöpfung nun leicht expansiv ausweiten können. Verlierer oder zumindest nicht Profiteur sind meist all diejenigen, die allein auf Lohneinkommen angewiesen sind. So lässt die Verteilungsbilanz der gesamten EU erkennen, dass es sogar in den wachstumsstarken Jahren 2004 bis 2007 eindeutig zu massiven Umverteilungen kam, zum Vorteil der Kapitaleinkommen und zu Ungunsten der Lohneinkommen. Der interjurisdiktionelle Wettbewerb bewirkt, dass in keinem der Boomjahre der lohnpolitische Verteilungsspielraum ausgenutzt wurde (vgl. Schulten 2007: 476).

Dieser Blickwinkel ist allerdings nur eine von mehreren Perspektiven neogramscianischer Analysen auf die WWU bzw. den Euro. Aus einem transatlantischen Blickwinkel ist zum Beispiel eine prominente neogramscianische Perspektive, dass das WWU-Projekt in Europa eher als eine passive Transformation zu betrachten ist. Hier ist die WWU eher eine Reaktion auf die US-Hegemonie, repräsentiert durch den Dollar, der Wallstreet sowie der Dominanz der USA in Weltbank und IWF (vgl. Panitch / Gindin 2005: 67ff.).

Zusammenfassend weist somit auch die zweite Analyse auf die Ausbildung eines „postimperialen" Zentrum-Peripherie-Komplexes hin. Bei der Analyse der QMR konnte empirisch gezeigt werden, wie die großen EU-Länder durch den Lissabonvertrag systemattische Vorteile bei der Entscheidungsfindung erhalten. Die Analyse der WWU mit dem Schwerpunkt „Währungsunion" zeigt nun, dass die EU-Ordnung eine Abstufung in Form eines Zentrums-Peripherie-Komplexes bei der Einlösung des Wohlstandsversprechens vornimmt, in diesem Fall differenziert nach der Stellung im europäischen Staats-Zivilgesellschafts-Komplex. Zudem konnte gezeigt werden, dass die EU bei der Entwicklung einer asymmetrisch überlegenen, ökonomisch leistungsfähigen Ordnung auf die hierarchisierte Durchsetzung des Wettbewerbsprinzips setzt. Den Zwang zur Transformation und den hierarchischen Durchgriff erfahren besonders die peripheren EU-Staaten bzw. all jene, die dem verordneten Wettbewerb stärker ausgesetzt sind oder sogar nicht Stand halten können.

5. Schlussbetrachtung

Am Anfang dieser Arbeit stand die Frage nach der politischen Ordnung, welche sich in Europa nach dem Ende des kalten Krieges bisher entwickelt hat bzw. zukünftig entwickeln wird. Es wurde festgestellt, dass die EU ein prägender Faktor der Herrschaft in Europa geworden ist, die wissenschaftliche Einordnung der Ordnung „sui generis" EU aber alles andere als leicht fällt. Im Folgenden wurden vier Theorien vorgestellt, welche die EU als neue Form imperialer Herrschaft beschreiben, als großräumige, politische Ordnung jenseits von Staat und internationaler Organisation. Die Analyse der vier Theorien aus einer Governance-Perspektive offenbarte deutliche Unterschiede der Ordnungsentwürfe bezüglich der jeweiligen Modi in der politischen Steuerung, des Anspruchs an politische Steuerung und des Legitimationsmodells von Herrschaft. In Folge dessen repräsentieren alle vier Ansätze jeweils ein unterschiedliches politisches System bzw. verschiedene Modelle einer Herrschaftsordnung. Anschließend sollte geprüft werden, ob sich die EU auf Grund ihrer Koordinations- und Steuerungsmechanismen und deren systemischer Verschachtelung als eine imperiale Herrschaftsordnung beschreiben lässt. Weil sich kein kohärenter Ansatz einer „neuen Imperiumstheorie" erkennen ließ, wurden deshalb zwei Politikbereiche der EU analysiert, um parallel die Anschlussfähigkeit zu den Governance-Modellen der „neuen Imperiumstheorien" zu prüfen. Mit der Analyse der zentralen Entscheidungsmechanismen und der politökonomischen Steuerung in der EU wurden dazu zwei Bereiche gewählt, die als konstitutiv für eine Herrschaftsordnung gelten können. Im Ergebnis weist die EU starke Entwicklungstendenzen hin zur Ordnung eines „postimperialen" Imperiums auf, wie es Herfried Münkler entworfen hat. Charakteristisch ist die Ausbildung eines Zentrums-Peripherie-Komplexes, welcher den EU-Staaten radial abnehmende Chancen sowohl an der politischen Partizipation als auch am imperialen Wohlstand bietet. Infolge dessen verfolgt die EU eine „postimperiale", also hauptsächlich output-orientiertes Legitimationsstrategie. Typisch ist auch die politische Steuerung mittels Hierarchien bzw. mittels hierarchischer Einbettung anderer Governance-Modi. Insbesondere im Bereich der Ökonomie werden die Steuerungskapazitäten der politischen Auseinandersetzung entzogen und einer supranationalen Hierarchie zugeführt. Die supranationalen Institutionen der EU diktieren den Staaten einen Systemwettbewerb mit dem Ziel, die Entwicklung der EU zu einem regional wie auch global gewichtigen Akteur voranzutreiben.

Mit diesem Ergebnis endet die Argumentation dieser Analyse, allerdings ohne eine abschließende Wertung über den imperialen Charakter der EU. Um eine abschließende Wertung fällen zu können, müsste zusätzlich die „Außendimension" europäischer Politik in den Blick genommen werden. In Bezug zum „postimperialen" Imperienmodell müsste geprüft werden, inwiefern die EU ein kohärenter und handlungsfähiger außenpolitischer Akteur ist und mit welchen Zielen und Mitteln die EU-Außenbeziehungen gestaltet werden. Verschiedene Studien konstatieren für die regionalen Außenbeziehungen der EU zwar eine expansive und im Sinne des Zentrum-Peripherie-Komplexes hierarchisch intervenierende Außenpolitik (vgl. bspw. Haukkala 2008, Hyde-Price 2008, Streb 2008), ob die EU deshalb bereits ein eigenständiges imperiales Zentrum darstellt, bleibt aber trotzdem vorerst noch unklar. Münkler selbst sieht die EU eher in der Position eines Sub-Zentrums des US-Empires, welches seine geopolitische Abwertung durch ein verstärktes regionales Engagement verhindern sollte (vgl. Münkler 2005: 246), während andere Autoren die EU bereits als dritte dominierende imperiale Macht neben der USA und China sehen, welche die globale Herrschaftsordnung in Zukunft prägen wird (vgl. Khanna 2008).

Obwohl die Herrschaftsordnung der EU somit nicht abschließend als „postimperiales" Imperium charakterisiert werden kann, wird diese Einordnung doch von vielen jüngeren Diskussionsbeiträgen über den Herrschaftscharakter der EU geteilt. Münklers Imperienmodell dient hier in der Diskussion um ein EU-Imperium als Referenzmodell oder zumindest Ausgangspunkt der Überlegung. Dabei wird meist von einem bereits hohen Kohärenzgrad zwischen theoretischem Modell und politischem System der EU ausgegangen. Die Bewertungen des „postimperialen" Herrschaftsmodells der EU fallen in diesen Beiträgen je nach Perspektive jedoch sehr unterschiedlich aus.

Kritiker des Konzepts stellen das neue EU-Imperium in die Tradition des alten europäischen Imperialismus. Für sie ist die Ausbildung eines Kerneuropas und die parallele Osterweiterung ein Musterbeispiel einer imperialistischen Expansion, welche von westeuropäischen Konzerninteressen vorangetrieben wird. Die These einer Symmetrisierung Osteuropas durch den EU-Beitritt wird abgelehnt, weil der Wettbewerb zwischen den EU-Staaten nicht auf Augenhöhe sondern asymmetrisch verläuft. Somit wird ein Ausbeutungsverhältnis sogar gegenüber der EU-internen Peripherie konstatiert (vgl. Wagner 2008:10). Analog wird die zukünftige Stimmverteilung im Ministerrat der EU beurteilt. „ Die Mitgliedsstaaten verlieren weiter an Souveränität, die großen Länder werden auf Kosten der kleinen gestärkt und die Zentralisierung ihrer Entscheidungsstrukturen wird die EU noch undemokratischer machen. Sie droht den Charakter als Aushandlungsgemeinschaft zu verlieren und eine feste Hegemonialordnung von Metropole und Peripherie zu werden (ebenda 2008: 19).

Anhänger des „postimperialen" EU-Imperiums halten entgegen, dass eine „dauerhafte Stabilisierung *(Europas)* durch liberale Demokratie und den Kapitalismus alternativlos" sei. Es hätte sich gezeigt, dass überall wo sich Europa und seine Werte zurückziehen, das Chaos einnistet. Deshalb müsse „ Europa sich seiner imperialen Ordnungsfunktion stellen, ob es das will oder nicht" und seine Rolle als „Imperium der Zukunft" annehmen (vgl. Posener 2007: 223). Das daraus resultierende Demokratiedefizit und damit auch die daraus resultierenden imperialen Eingriffe werden zwar thematisiert, aber am Ende als „Vorraussetzung für erfolgreiches imperiales Handeln" akzeptiert (vgl. ebenda 2007: 136).

Als vorerst abschließende Beurteilung zur Genese eines „postimperialen" EU-Imperiums kann somit zumindest noch festgehalten werden, dass die Tendenz des „Übergangs zur Postdemokratie (Crouch 2008), d. h. die Verselbstständigung eines exekutivlastigen, durch eine privilegierte Rolle der Wirtschaftseliten geprägten staatlichen Entscheidungskartells, zumindest verstärkt wird" (vgl. Bieling 2009: 10). Die Vereinbarkeit von Demokratie und imperialer Herrschaft wird deshalb eine zentrale Konfliktlinie in Europa bleiben.

6. Literaturverzeichnis

6.1 Monographien

Alsheimer, Herbert (2007): Währungen brauchen Stabilität, Societäts-Verlag: Bad Homburg v.d. Höhe.

Altvater, Elmar / Mahnkopf Birgit (2007): Konkurrenz für das Empire: Die Zukunft der Europäischen Union in der globalisierten Welt, Westfälisches Dampfboot: Münster.

Baldwin, Richard / Wyplosz, Charles (2008): The Economics of European Integration, McGraw-Hill Education: Berkshire.

Beck, Ulrich (Hrsg.) (1998): Politik der Globalisierung, Suhrkamp Verlag: Frankfurt am Main.

Beck, Ulrich / Grande, Edgar (2004): Das kosmopolitische Europa – Gesellschaft und Politik in der Zweiten Moderne, 2. Auflage 2007 - Suhrkamp: Frankfurt am Main.

Benz Arthur (Hrsg.) (2007): Handbuch Governance: Theoretische Grundlagen und empirische Anwendungsfelder, Verlag für Sozialwissenschaften: Wiesbaden.

Brunn, Gerhardt (2005): Die Europäische Einigung von 1945 bis heute, BpB: Bonn.

Clausewitz, Carl von (1980): Vom Kriege: hinterlassenes Werk des Generals Carl von Clausewitz; vollständige Ausgabe im Urtext, Dümmler: Bonn.

Copeland, Laurence (2005): Exchange Rates and International Finance, Pearson Education: London.

Cooper, Robert (2003): The Breaking of Nations: Order and Chaos in the Twenty-First Century, Atlantic Press: London.

Czempiel, Ernst-Otto (1986): Friedensstrategien, UTB Schöningh: Parderborn.

ECB (2009): Statistics Pocket Book 11.2009, European Central Bank: Frankfurt am Main.

Eigmüller, Monika (Hrsg.) (2007): Grenzsicherungspolitik, Verlag für Sozialwissenschaften: Wiesbaden.

Europäische Kommission (Zitierkürzel KOM) (2008): Eine Währung für Europa – Der Weg zum Euro, Brüssel (2008)

Fukuyama, Francis (1992): Das Ende der Geschichte, Kindler Verlag: München.

Grimmel, Andreas / Jakobeit Cord (Hrsg) (2009): Politische Theorien der Europäischen Integration, Verlag für Sozialwissenschaften: Wiesbaden.

Hafner, Hannes (2007): EU Osterweiterung – Historische Basis – ökonomische Triebkräfte – soziale Folgen, Promedia Druck und Verlags m.b.H.: Wien.

Hardt, Michael / Negri, Antonio (2002): Empire – Die neue Weltordnung, Campus Verlag: Frankfurt.

Herdegen, Matthias (2005): Völkerrecht, 4. Auflage – Verlag C.H. Beck: München.

Hirschmann, Albert (1974): Abwanderung & Widerspruch, J.C.B. Mohr: Tübingen.

Hobsbawn, Eric (1995): Das Zeitalter der Extreme, Carl Hanser Verlag: München.

Keohane, Robert O. (1984): After hegemony: cooperation and discord in world political economy, Princeton University Press: Princeton.

Kjaer, Anne Mette (2004): Governance, Cambridge Polity Press: Cambridge UK.

Kohler-Koch, Beate (Hrsg.) (2004): Europäische Integration – Europäisches Regieren, Verlag für Sozialwissenschaften: Wiesbaden.

Kromphardt, Jürgen (2004): Konzeptionen und Analysen des Kapitalismus, Vandenhoeck & Ruprecht: Göttingen.

Küchenhoff, Günther (1960): Allgemeine Staatslehre, 4. Auflage – W. Kohlhammer Verlag: Stuttgart.

Lange, Stefan (2007): Die Wirtschafts- und Währungsunion (WWU): Implikationen für die nationalen Wirtschaftspolitiken, Marburg: Diplomarbeit

Mann, Michael (1999): Geschichte der Macht – Dritter Band, Campus Verlag: Frankfurt am Main.

Mankiw, Gregory (2003): Makroökonomik, Schäffer-Poeschel Verlag: Stuttgart.

Meinecke, Friedrich (1924): Die Idee der Staatsräson in der neueren Geschichte, R. Oldenbourg Verlag: München.

Menzel, Ulrich (2001): Zwischen Idealismus und Realismus, Suhrkamp: Frankfurt am Main.

Mill, John-Stuart (1924): Grundsätze der Politischen Ökonomie mit einigen ihrer Anwendungen auf die Sozialphilosophie, Zweiter Band - 7. Auflage – Fischer: Jena.

Münkler, Herfried (2005): Imperien – Die Logik der Weltherrschaft, BpB: Bonn.

Münkler, Herfried (2002): Die neuen Kriege, Rowohlt: Reinbek bei Hamburg.

Münkler, Herfried (1985): Machiavelli – Die Begründung des politischen Denkens der Neuzeit aus der Krise der Republik Florenz, Frankfurt am Main: Fischer Taschenbuch Verlag.

Olson, Mancur (1965): The Logic of Collective Action, Harvard University Press: Cambridge.

Pache, Eckhardt / Schorkopf, Frank (Hrsg.) (2009): Die Europäische Union nach Lissabon: Beiträge zu Organisation, Außenbeziehungen und Stellung im Welthandelsrecht, Nomos: Baden-Baden.

Panitch, Leo (Hrsg.) (2004): The empire reloaded, Merlin Press: London.

Posener, Alan (2007): Imperium der Zukunft – Warum Europa Weltmacht werden muss, BpB: Bonn.

Scharpf, Fritz W. (1997): Games Real Actors Play – Actor-Centered Institutionalism in Policy Research, Westview Press: Oxford.

Scharpf, Fritz W. (1999): Regieren in Europa – Effektiv und demokratisch ?, Campus Verlag: Frankfurt am Main.

Schmidt, Manfred G.(1995): Wörterbuch zur Politik, Kröner Verlag: Stuttgart.

Schmitt, Carl (1932): Der Begriff des Politischen : mit einer Rede über das Zeitalter der Neutralisierungen und Entpolitisierungen, Duncker & Humblot: München.

Speck, Ulrich / Sznaider, Nathan (Hrsg. (2003): Empire Amerika. Perspektiven einer neuen Weltordnung, Deutsche Verlags-Anstalt: München.

Steinhilber, Jochen (1998): Die französische Europadebatte der achtziger und neunziger Jahre – Zwischen nationalstaatlicher Konsolidierung und Europäischer Integration, FEG-Studie: Marburg.

Streb, Sebastian (2008): Die Europäische Nachbarschaftspolitik – Externe Europäisierung zwischen Anziehung, Zwang und Legitimität, FEI-Studie Nr. 27 Marburg.

Varwick, Johannes (2008): Die Nato – Vom Verteidigungsbündnis zur Weltpolizei?, Verlag C.H. Beck: München.

Wessels, Wolfgang (2008): Das politische System der EU, Verlag für Sozialwissenschaften: Wiesbaden.

Westle, Bettina (1989): Politische Legitimität – Theorien, Konzepte, empirische Befunde, Nomos Verlag: Baden-Baden.

Wolf, Klaus Dieter (2000): Die neue Staatsräson: Zwischenstaatliche Kooperation als Demokratieproblem in der Weltgesellschaft, Nomos: Baden-Baden.

Zielonka, Jan (2006): Europe as Empire: The Nature of the Enlarged European Union, Oxford University Press: Oxford

6.2   Beiträge in Sammelbänden

Almunia, Joaquin (2007): Seven Years with the Euro, in Roy, Joaquin/ Gomis-Porqueras, Pedro (Hrsg.): The Euro and the Dollar in a Globalized Economy, Aldershot: Ashgate S.11-17.

Blatter, Joachim(2007): Demokratie und Legitimation, in Benz Arthur (Hrsg.): Handbuch Governance: Theoretische Grundlagen und empirische Anwendungsfelder, Verlag für Sozialwissenschaften: Wiesbaden

Bohle, Dorothee (2005): Neogramscianismus, in Hans-Jürgen Bieling (Hrsg.): Theorien der europäischen Integration, Verlag für Sozialwissenschaften: Wiesbaden.

Cox, Robert (1998): Gramsci, Hegemonie und internationale Beziehungen: ein Aufsatz zur Methode, in Cox, Robert: Weltordnung und Hegemonie - Grundlagen der „Internationalen Politischen Ökonomie", FEG Studie 11: Marburg.

Crome, Erhardt (2008): Die EU. Von der Friedensmacht zur imperialen Politik?, in Crome Erhardt(Hrsg.): Internationale Politik im 21. Jahrhundert - Konfliktlinien und geostrategische Veränderungen, Karl Dietz Verlag: Berlin S.102-122.

Daase, Christoph (1997): Interventionen, in Albrecht, Ulrich / Vogler, Helmut (Hrsg.): Lexikon der Internationalen Politik, R.Oldenbourg Verlag: München

Demirovic, Alex (2007): Politische Gesellschaft – zivile Gesellschaft – Zu Theorie des integralen Staates bei Gramsci, in Buckel, Sonja / Fischer-Lescano, Andreas (Hrsg.): Hegemonie gepanzert mit Zwang, Nomos: Baden-Baden.

Heise, Arne (1999): Wirkungen der WWU auf die Beschäftigung in Cäsar / Scharrer (Hrsg.): Ökonomische und politische Dimensionen der WWU, Nomos Verlagsgesellschaft: Hamburg S.91-124.

Hillenbrand, Olaf (2008): Die Wirtschafts- und Währungsunion: in Weidenfeld, Werner: Die Europäische Union – Politisches System und Politikbereiche, Bundeszentrale für politische Bildung: Bonn S. 402-433.

Knodt, Michele, Große Hüttmann, Martin (2005): Der Multi-Level Governance-Ansatz, in Bieling, Hans-Jürgen (Hrsg.): Theorien der europäischen Integration, Verlag für. Sozialwissenschaften: Wiesbaden.

Mayntz, Renate (2007): Governance im modernen Staat , in Benz Arthur (Hrsg.): Handbuch Governance: Theoretische Grundlagen und empirische Anwendungsfelder, Verlag für Sozialwissenschaften Wiesbaden.

Münkler, Herfried (2008): Die Renaissance des Empire als Herrschaftsform und seine Bedeutung für die internationalen Beziehungen heute, in Stefani Weiss / Joscha Schmierer (Hrsg.): Prekäre Staatlichkeit und internationale Ordnung, Verlag für Sozialwissenschaften: Wiesbaden S.30-41.

Münkler, Herfried (2007): Imperiale Ordnung. Die Governance-Leistung von Imperien in komparativer Perspektive, in: Beisheim, Marianne / Schuppert, Gunnar (Hrsg.): Staatszerfall und Governance, Nomos: Baden-Baden S. 263-284.

Nugent, Neill (2000): Decision-Making, in Cram, Laura / Dinan, Desmond: Developments in the European Union, Macmillan Press: Baringstoke UK S. 130-149.

Panitch, Leo/Gindin, Sam (2005): Finance and American Empire, in: Panitch, Leo/ Leys, Colin: The empire reloaded, Socialist Register 2005, The Merlin Press: London S.46-81.

Rokkan, Stein (2006): Differenzierung und Grenzbildung, in Eigmüller, Monika / Voruba, Georg (Hrsg.) (2006): Grenzsoziologie – Die politische Strukturierung des Raumes, Verlag für Sozialwissenschaften: Wiesbaden S.25-36.

Royo, Sebastian (2007): The Euro and Economic Reforms: The Case of Spain, in Roy, Joaquin/ Gomis-Porqueras, Pedro (Hrsg.): The Euro and the Dollar in a Globalized Economy, Aldershot: Ashgate S.163-188.

Scharpf, Fritz W. (2005): Legitimationskonzepte jenseits des Nationalstaats, in Folke / Schuppert (Hrsg): Europawissenschaft, Nomos: Baden-Baden.

Schultze, Reiner Olaf (2004): Der Staat, in Nohlen, Dieter: Lexikon der Politikwissenschaft, 2. Auflage - Verlag C.H. Beck: München.

Wolf, Dieter (2005): Neo-Funktionalismus, in Hans-Jürgen Bieling (Hrsg.): Theorien der europäischen Integration, Verlag für Sozialwissenschaften: Wiesbaden

6.3 Zeitschriftenartikel

Altvater, Elmar (1995): Wettlauf ohne Sieger – Politische Gestaltung im Zeitalter der Geo-Ökonomie, in Blätter für deutsche und internationale Politik, Heft 2. 40. Jahrgang S.192-202.

Beck, Ulrich (2005): Das kosmopolitische Empire – Ein Plädoyer für ein Europa jenseits des Nationalstaats, in Internationale Politik, Heft 7. S.6-12.

Beck, Ulrich/Grande, Edgar (2005a): Europas letzte Chance: Kosmopolitismus von unten, in: Blätter für deutsche und internationale Politik, 2005 Heft 9. 50. Jahrgang S.1083-1097.

Beck, Ulrich/Grande, Edgar (2005b): Empire Europa: Politische Herrschaft jenseits von Bundesstaat und Staatenbund, in: Zeitschrift für Politik, 2005 Heft 4. S.397-420.

Bieling, Hans-Jürgen (2006): EMU, financial integration and global economic governance, in Review of International Political Economy S.420-448.

Bieling, Hans-Jürgen (2009): Macht, Politik und Demokratie im neuen EU-Imperium, in POLIS - Report der Deutschen Vereinigung für Politische Bildung Heft 1.2009 S. 7-10.

Börzel, Tanja (2007): European Governance – Verhandlungen und Wettbewerb im Schatten der Hierarchie, in Politische Vierteljahresschrift, Sonderheft „Die Europäische Union. Governance und Policy-Making", S.61-91.

Brost, Marc (2010): Abgebrannt im Mittelmeer, in Die Zeit Nr.3 vom 14.01.2010.

Buchanan, James M. (1965): An Economic Theory of Clubs, in Economica Vol.32 S.1-14.

Carty, Anthony (2005): The Iraq Invasion as a Recent United Kingdom 'Contribution to International Law', in The European Journal of International Law Vol. 16 no.1 S.143-151.

Göler, Daniel (2009): Die europäische Legitimationsfalle, in Zeitschrift für Politik, Heft 1. 56. Jahrgang S.2-18

Haukkala, Hiski (2008): The EU as a regional Normative Hegemon: The Case of the ENP, in Europe-Asia Studies - Ausgabe 9.2008 S.1601-1622.

Hofmann, Andreas / Wessels, Wolfgang (2008): Der Vertrag von Lissabon – eine tragfähige und abschließende Antwort auf konstitutionelle Grundfragen?, in Integration: Vierteljahreszeitschrift des Instituts für Europäische Politik in Zusammenarbeit mit dem Arbeitskreis Europäische Integration, Heft 1. S.3-20.

Hyde-Price, Adrian (2008): A 'tragic actor'? A realist perspective on 'ethical power Europe', in International Affairs I 2008 S. 29-44.

Khanna, Parag (2008): Interimperiale Beziehungen – Über die Notwendigkeit des Neuaufbaus von Global Governance in der heutigen geopolitischen Weltordnung, in Internationale Politik Nr. 7-8. 2008 S.28-35.

Kerber, Wolfgang / Vanberg, Viktor (1994): Institutional Competition Among Jurisdiction: An Evolutionary Approach, in Constitutional Political Economy Vol.5 S.193-219.

Kirsch, Werner (2007): On Penrose's square-root Law and Beyond, in Homo Oeconomicus 24. Jahrgang 3.Heft S. 357-380.

Münkler, Herfried (2004): Europas imperiale Herausforderung, in Blätter für deutsche und internationale Politik, Heft 12. 49. Jahrgang S.1462-64.

Neyer, Jürgen (1999): Legitimes Recht oberhalb des demokratischen Rechtsstaates? Supranationalität als Herausforderung für die Politikwissenschaft, in Politische Vierteljahreszeitschrift, Heft 3. 40. Jahrgang S.390-414.

Pfetsch, Frank (2009): Europäische Union als globale Macht, in Welttrends – Zeitschrift für internationale Politik, Heft 4. 17. Jahrgang S.11-16.

Tiebout, Charles M. (1956): A Pure Theory of local Expenditures, in Journal of Political Economy S.416-424.

Zielonka, Jan (2007a): Europa als Empire, in: Blätter für deutsche und internationale Politik, 2007 Heft 3. 52. Jahrgang S.294-306.

Zielonka, Jan (2008): Europe as a global actor: empire by example?, in International Affairs, Heft 3. 84. Jahrgang S.471-484.

Zürn, Michael (2007): Institutionalisierte Ungleichheit – Jenseits der Alternative „Global Governance" versus „American Empire", in Politische Vierteljahreszeitschrift, Heft 4. 49. Jahrgang S.680-704.

6.4 Internetquellen

Baldwin, Richard / Widgren, Mika (2004): Winners and Losers under various Dual-Majority Voting Rules for the EU's Council of Ministers, in CEPS POLICY BRIEF NO. 50 unter http://www.ceps.be/ceps/download/967 (letzter Zugriff: 28.11.2009).

Börzel, Tanja (2006): European Governance –Was ist Governance?, http://www.polsoz.fu-ber-lin.de/polwiss/forschung/international/europa/mitarbeiter/boerzel/Was_ist_Governance.pdf (letzter Zugriff 18.08.2009).

Centrum für Europäische Politik (2008) (Zitierkürzel CEP): Wesentliche Kompetenz- und Verfahrensänderungen durch den Vertrag von Lissabon, unter http://www.cep.eu/fileadmin/user_upload/Kurz-Analysen/Vergleich_Reformvertrag_-_Vertrag_von_Nizza_-_Verfassung/AEnderungen_im_UEberblick.pdf (letzter Zugriff 03.01.2010(.

Centrum für Europäische Politik (2009) (Zitierkürzel CEP): Wesentliche institutionelle Änderungen durch den Vertrag von Lissabon, unter http://www.cep.eu/fileadmin/user_upload/Kurz-Analysen/Vergleich_Reformvertrag_-_Vertrag_von_Nizza__Verfassung/Institutionelle_Aenderungen.pdf (letzter Zugriff 03.01.2010).

Council of the European Union (Zitierkürzel: Council) (2009): Council opens excessive deficit procedures for nine member states and follows up its recommendations to five others, unter http://www.se2009.eu/polopoly_fs/1.26243!menu/standard/file/111688.pdf (letzter Zugriff 12.01.2010).

Cooper, Robert (2002): The new liberal imperialism, unter http://www.guardian.co.uk/world/2002/apr/07/1 (letzter Zugriff: 24.09.09).

Die Welt (17.10.07): „Dimensionen eines Imperiums": Interview mit Jose Manuel Barroso Unter http://ec.europa.eu/commission_barroso/president/pdf/interview_20071017_de.pdf (letzter Zugriff: 12.09.09).

Duisenberg, Willem (2002): What are the consequences of the euro? unter http://www.ecb.int/press/key/date/2002/html/sp020508.en.html (letzter Zugriff 11.11.2009).

Europäische Kommission (2009) (Zitierkürzel KOM): Der Vertrag auf einen Blick, unter http://europa.eu/lisbon_treaty/glance/index_de.htm (letzter Zugriff: 07.01.2010).

Europäische Kommission (2010) (Zitierkürzel KOM): Overview of ongoing excessive deficit procedures, unter http://ec.europa.eu/economy_finance/sgp/deficit/countries/index_en .htm letzter Zugriff (12.01.2010).

Eurostat (2010): Bevölkerungsschätzung 2010, unter http://epp.eurostat.ec.europa.eu/tgm/table.do?tab=table&init=1&lang uage=de&pcode=tps00002&plugin=1 letzter (Zugriff 11.01.2010).

Fehr, Benedikt (2009): Osteuropa - Die Krise trifft die Staaten mit voller Wucht vom 24.02.2009, unter http://www.faz.net/s/RubC98402BCC5D44EAB925FE13321328FA1/D oc~E698E866BC73C4EBCBD70114F4AC3A680~ATpl~Ecommon~Sspezi al.html (letzter Zugriff 17.01.2010).

Hagemann, Sara / De Clerk-Sachsse (2007): Old Rules, New Game: Decision-Making in the Council of Ministers after the 2004 Enlargement, Brüssel, unter http://www.ceps.be/ceps/download/1302 (letzter Zugriff 03.01.2010).

Handelsblatt.com (2009a): EU alarmiert: Griechisches Finanzchaos bedroht Euro, Artikel vom 10.12.2009, unter http://www.handelsblatt.com/newsticker/politik/eu-alarmiert-griechisches-finanzchaos-bedroht-euro;2496994 (letzter Zugriff 19.01.2010).

Handelsblatt.com (2009b): Hauspreisverfall verschärft die Krise vom 23.03.09 unter http://www.handelsblatt.com/politik/konjunktur-nachrichten/hauspreisverfall-verschaerft-die-rezession;2211511, (letzter Zugriff: 05.01.2010).

Heinen, Nicolaus (2009): Für Griechenland wird es eng, DB Research Analyse unter http://www.euractiv.de/finanzplatz-europa/artikel/fr-griechenland-wird-es-eng-002434 (letzter Zugriff 12.01.2010).

Kirsch, Werner (2008): Mathematik und Politik - Von Macht, Quadratwurzeln und Ministern, Vortrag anlässlich des Jahres der Mathematik am 15.10.08 an der FernUniversität Hagen, unter http://www.fernuni-ha-gen.de/imperia/md/content/presse/medieninformationen/folien-vortrag-kirsch-mathe-okt08.pdf (letzter Zugriff 03.12.2009).

Kirsch, Werner (2004): Voting in the EU-Council – a brief sketch, unter http://www.ruhr-uni-bochum.de/mathphys/politik/eu/CEPS.pdf (letzter Zugriff: 03.12.2009).

Laidi, Zaki (2008): The Normative Empire - The Unintended Consequences of European Power, Garnet Policy Brief N.6 Coventry, unter http://www.garnet-eu.org/fileadmin/documents/policy_briefs/Garnet_Policy_Brief_No_6. pdf (letzter Zugriff: 02.12.09).

Milliband, David (2007): 'EUROPE 2030: MODEL POWER NOT SUPERPOWER', Rede vor dem College of Europe, unter http://www.brugesgroup.com/MilibandBrugesSpeech.pdf

(letzter Zugriff: 03.12.09).

News.de (2010): Griechenland kommt unter EU-Aufsicht, Artikel vom 19.01.2010, unter http://www.news.de/wirtschaft/855040974/griechenland-kommt-unter-eu-aufsicht/1/ (letzter Zugriff 22.01.2010).

Scientists for a Democratic Europe (2004): Letter to the Governments of the EU-Memberstates, unter http://sanver.bilgi.edu.tr/pdf/OpenLetter.pdf (letzter Zugriff 03.01.2010).

Mussler, Werner (2009): Ärger in Brüssel - Griechenlands Defizit plötzlich verdoppelt, unter http://www.faz.net/s/Rub0E9EEF84AC1E4A389A8DC6C23161FE44/D oc~E6FFF673BA79C40DC8A89C1432A4983CF~ATpl~Ecommon~Sconte nt.html (letzter Zugriff 13.01.2010).

Schulten, Thorsten (2007): Europäischer Tarifbericht des WSI – 2006/2007, in WSI-Mitteilungen 9/2007 S.475-482., unter http://www.boeckler.de/pdf/wsimit_2007_09_schulten.pdf (letzter Zugriff 12.01.2010).

The Fund for Peace (2009): Failed States Index 2009, unter http://www.fundforpeace.org/web/index.php?option=com_content&t ask=view&id=99&Itemid=140 (letzter Zugriff: 24.09.09).

Wagner, Jürgen (2008): Brüssel, das neue Rom? Ostexpansion, Nachbarschaftspolitik und das Empire Europa, Studien zur Militarisierung Europas 36/2008 unter http://www.imi-online.de/download/EU-Studien-36-2008.pdf (letzter Zugriff: 12.12.2009).

Wissel, Jens / Buckel, Sonja (2001): Age of Empire?, unter http://www.links-netz.de/K_texte/K_wissel_empire.html (letzter Zugriff: 22.08.09).

Zeithistorische Forschungen (*Zitatkürzel ZF Interview*)/Studies in Contemporary History (2006): Ein Gespräch mit Herfried Münkler: „Imperium zu sein ist nicht nur die reine Lust", Online-Ausgabe 3.2006 unter http://www.zeithistorische-forschungen.de/16126041-Interview-Muenkler-1-2006 (letzter Zugriff: 29.09.09).

Zielonka, Jan (2007b): Turkish accession, soft borders, and European security – Interview, 2007 unter http://www.re-public.gr/en/?p=448 (letzter Zugriff: 11.10.09).

6.5 Dokumente

Amtsblatt der Europäischen Union C 115 vom 9. Mai 2008: Konsolidierte Fassung des Vertrages über die Europäische Union, unter http://eurlex.europa.eu/LexUriServ/LexUriServ.do?uri=OJ:C:2008:115:0013:0045:DE:PDF (letzter Zugriff: 08.12.09).

Amtsblatt der Europäischen Union C 306 vom 17. Dezember 2007: Vertrag von Lissabon – Zur Änderung des Vertrages über die Europäische Union und des Vertrages zur Gründung der Europäischen Gemeinschaft, unter http://bookshop.europa.eu/eubookshop/download.action?fileName=FXAC07306DEC_002.pdf&eubphfUid=534820&catalogNbr=FX-AC-07-306-DE-C (letzter Zugriff: 27.12.09).

Europäische Kommission (2003) (Zitierkürzel KOM): Mitteilung der Kommission zur Aktualisierung und Vereinfachung des Acquis communautaire, unter http://eur-lex.europa.eu/LexUriServ/LexUriServ.do?uri=COM:2003:0071:FIN:DE:PDF (letzter Zugriff 05.01.2010).

Europäischer Rat (2000): Schlußfolgerungen des Vorsitzes - Lissabon, 23. und 24. März 2000, unter http://www.bologna-berlin2003.de/pdf/BeschluesseDe.pdf (letzter Zugriff 17.01.2010).

UN Resolution 2625 (XXV) (1970): Erklärung über Grundsätze des Völkerrechts betreffend freundschaftliche Beziehungen und Zusammenarbeit zwischen den Staaten im Einklang mit der Charta der Vereinten Nationen, unter http://www.un.org/Depts/german/gv-early/ar2625.pdf (letzter Zugriff: 01.12.09).

7. Anhang – Tabellen, Schaubilder und Abkürzungen

Tabelle 1. – Governance-Modi im Überblick

Der Interaktionsmodus beschreibt den Mechanismus der die Koordination ermöglicht. Die Kopplung der Akteure zeigt wie stark die Interaktion zwischen Akteuren verläuft und ob die Akteure untereinander symmetrische oder asymmetrische Möglichkeiten der Interaktion besitzen. In der Kategorie Regelungsstrukturen wird angegeben ob der Koordinationsmodus in Institutionen bzw. andere Governancestrukturen. eingebettet ist. Die notwendigen Bedingungen für die Funktionalität eines Governancemodi sind in der Zeile „Voraussetzungen" dargestellt. Die Kategorien „Leistungen und Ineffizienzen" fassen am Ende die Vor- und Nachteile eines Governancemodus zusammen.

Koordinationsform	Markt	Hierarchie	Politischer Wettbewerb
Interaktionsmodus	Angebot- Nachfrage Preismechanismus Nutzenkalküle der Akteure	Befehl, Anweisung, Zwang	Konkurrenz von Akteuren Wechselseitige Anpassung
Kopplung der Akteure	Schwach, symmetrisch	Stark, asymmetrisch	Keine oder schwach
Regelungs- strukturen	Schwach, aber Institutionen schützen vor Selbstzerstörung und Marktmacht	Formale und informelle Institutionen	Verhaltensregeln zur Aufrechterhaltung des Wettbewerbs.
Voraussetzungen	Freier Marktzugang, Symmetrie der Akteure	Über- Unterordnung der Akteure	Mindestmaß an Chancengleichheit und Symmetrie der Akteure
Leistungen	Pareto-optimale Allokation von Gütern	Hohe Entscheidungsfähigkeit, niedrige Transaktionskosten	Steigerung der Eigenleistung um Konkurrenten zu übertreffen
Ineffizienzen	Gefahr Marktversagen durch Monopole Kartelle, Externalitäten	Widerstände der Untergeordneten, geringe Informations-Durchlässigkeit	Ausscheiden / kleine Partizipationschancen von (unverschuldet) schwachen Akteuren

Koordinationsform	Gemeinschaft	Netzwerk	Verhandlung
Interaktionsmodus	Individuen agieren aufgrund eines gemeinsamen Merkmals in einer spezifischen Art und Weise.	Freiwillige, kooperative Interaktion Kommunikationsknoten	Akteure streben unter Austausch von Angeboten und Argumenten eine gemeinsame Entscheidung an. Arguing+Bargaining Package deals
Kopplung der Akteure	Schwach symmetrisch	Lose Bindung der Akteure Eher symmetrisch	Schwach bis institutionalisiert Symmetrisch bis asymmetrisch
Regelungsstrukturen	Schwach Eine Organisation ist oft Kern einer Gemeinschaft.	Schwach	Meist Einbindung in andere Governancemodi
Voraussetzungen	Gemeinsames handlungsrelevantes Merkmal.	Vertrauen der Akteure im Netzwerk untereinander.	Formale Gleichstellung bei Kommunikations- und Entscheidungsrechten
Leistungen	Identifikation der Akteure, Kommunikation über spezifische Themen	Vertrauensaufbau durch die Tauschhistorie. Netzwerkeffekt: Erleichterung von Koordination durch Vertrauensaufbau. Informationseffizienz	Lösungen von Konfliktsituationen über die Aufteilung von Kosten und Nutzen.
Ineffizienzen	Kaum kollektive Handlungsfähigkeit der Akteure	Geringe kollektive Handlungsfähigkeit, Freerider-Problem	Verhandlung garantiert keine Verteilungsgerechtigkeit

Koordinationsform	Pfadabhängigkeit	Policy-Transfer und - Diffusion	Transformation
Interaktionsmodus	Entwicklungen aus der Vergangenheit determinieren aktuelle Prozesse weitgehend.	Imitation, Anpassung oder Kombination von innovativer Policy von anderen Akteuren.	Prozess des Regimewechsels von der Autokratie zur Demokratie Transitionsprozesse der Governance-modi
Kopplung der Akteure	?	Schwach bis institutionalisiert Symmetrisch bis asymmetrisch	?
Regelungs- strukturen	Aufrechterhaltung von suboptimalen Institutionen	Meist Einbindung in andere Governancemodi	Transition der Regelungsstrukturen
Voraussetzungen	Hohe Kosten des Wechsels einer institutionellen Lösung	Gegenseitige Beobachtung von Akteuren. Gegenseitiger Austausch.	Revolution oder Reform
Leistungen	Stabile Institutionen	Leistungswettbewerb bei sequentieller gegenseitiger Anpassung, Verbreitung von „best practice"	
Ineffizienzen	Lock-In Effekt: Ineffiziente Institutionen wandeln sich nicht weil die kollektive Handlungsfähigkeit zum Wechsel fehlt.	Gefahr eines „race to the bottom" im Bereich der regulativen Standards. Unintendierte Wirkungen	

Quelle: eigene Darstellung - (vgl. Benz 2007:29-157)

Tabelle 2. Vergleichtabelle Neue Imperiumstheorien

Aspekt / Theorie	Cooper	Münkler	Zielonka	Beck / Grande
Abgrenzung zum Imperialismus	Imperien des Nationalstaats / der Moderne -> Ausgelegt auf Machtzuwachs	Form des Imperiums, Überbetonung der Push-Faktoren / Mission	Imperien des westfälischen Staates	Imperien des Nationalstaates -> kompetitive Unterjochung
Normative Basis / Werte	Vorraussetzung in der Postmoderne / Bindung für die Postmoderne Welt	Werte sind als Teil der Mission, ein Mittel zur Legitimation, aber keine absolute Bindung der Politik (Zielkonflikt zur Räson)	Subsidarität, Offenheit, Diversität, (Leistungs-)Wettbewerb, Dezentralisierung	Gewalttabu, kosmopolitische Toleranz, Anerkennung von Andersheit
Expansion	Ja, freiwillig und kooperativ durch Übernahme der postmodernen Werte	Ja im Expansionszyklus – Begrenzt durch: 1.Überdehnungsrisiken + 2.Reichweite Asymmetrie	Ja im Prinzip durch Symetriesierung der Peripherie -> Werte + Transformation	Ja in einem rationalen Verfahren, nur durch Kriterien begrenzt
Zivile Intervention	Freiwillige Verzahnung durch Institutionen	Zentrale Funktionslogik	Ja aber auch gegenseitige Beeinflussung	Eher Bitte der Peripherie zur Beitrittsperspektive
Militärische Intervention	Ja zur Bedrohungsabwehr - Interpretationsspielraum	Ja sind zwar ein unattraktives aber ein Mittel der Politik	Nein maximal Peacekeeping	Gewalttabu - Nein
Zentrum (Governance)	Dezentral, postmodern, Kooperativ	Zentrum-Peripherie Abstufung - Hierarchie	dezentral	Zentrum-Peripherie Weitgehender Hierarchieverzicht
Hierarchie Zentrum	nein	Ja / Semizentren	nein	Versuch des Hierarchieverzichts

Machtverhältnis Zentrum zur Peripherie	ja	Ja nur asymmetrischer Umgang	Ja, Normative power Transformation, Kooperation Win/win	Ja aber Versuch auf Dominanz zu verzichten Win/win
Rolle des Rechts	Postmoderne Ja / Doppelstandard / nein	Selbstbindung des Rechts (Mission) im Konflikt mit Räson	Hohe Selbstbindung	Hohe Selbstbindung nach Innen und Außen
Grenzraum Soft-borders	Nur Postmoderne, Außen hard borders	Radial vom Zentrum mit abnehmender Integration, Semipermeabel	„Verschwimmen" der Außengrenzen, partielle Integration	Ja, wie bei Münkler, aber Möglichkeiten der Peripherie beizutreten
Friedensstrategie	Innen Vertragsfriedem außen Hegemonialfrieden	Hegemonialfrieden + Frieden durch ökon. Verflechtung	Vertragsfrieden + Frieden durch ökon. Verflechtung	Vertragsfrieden
Demokratische Herrschaft **Inputorientierte Legitimation**	An nationale Institutionen gebunden	Selbstbindung des Imperiums -> verschärft Konflikt zwischen Mission und Räson	Bessere exit optionen + Suche nach Inputstrategien / postnationale Demokratie	Neue inputorientierte Strategien für kosmopolitische Demokratie
Legitimationsstrategie	Outputorientiert -> Schutz und Wohlstand	Output orientiert: Leistungen + Mission	Output orientiert + Suche nach neuen Input Varianten	Versuch Output und InputVarianten zu kombinieren
Imperiumsbildung durch innere oder äußere Faktoren?	Exogen durch Bedrohungen	Exogen durch Bedrohung, Endogen Mission	Endogen	Endogen
Imperiale Räson/Primat der	Primat der Politik dient der	Primat der Politik dient der Erhaltung des Im-	Primat der Rechts	Primat der Rechts

Politik oder des Rechts	Erhaltung des Imperiums	periums		
Performanz	Sicherheit	Sicherheit, Wohlstand Frieden	Sicherheit, Wohlstand, Innovation,	Sicherheit, Wohlstand, Bewahrung von Differenz
Souveränität der Peripherie	nein	nein	Teilweise	Teilweise, Versuch der Anerkennung
Rolle von int. Institutionen	Teil der Postmoderne	Mittel des Empires zur indirekten Kontrolle	Absicherung der neomittelalterlichen Governance-Prinzipien	Kosmopolitische Institutionen brechen nationale Ontologie
Souveränität	Ja gegenüber Außen, innen geteilt	Zentral, Hierarchisch geordnet	Geteilte dezentrale Souveränität	Kosmopolitische Souveränität
Machtsorten	alle	alle	Kein Militär	Kein Militär
Clubgüter	ja	ja	Ja Clubgemeinschaft	Ja mit Aufstiegsmöglichkeit
Clubzugang	einfach	In der Räson des Zentrums	Einfacher Wechsel	Nach einem rationalen Verfahren
Vorherrschende Governance-Modi	Innen: diverse Governanceformen Außen: Hierarchie	Hierarchie + Hierarchieeinbettung	Markt + Wettbewerb + Policy-Diffusion	Verhandlung

Quelle: eigene Darstellung

Schaubild 1. Die neuen Imperiumstheorien als Theorien
der Internationalen Beziehungen

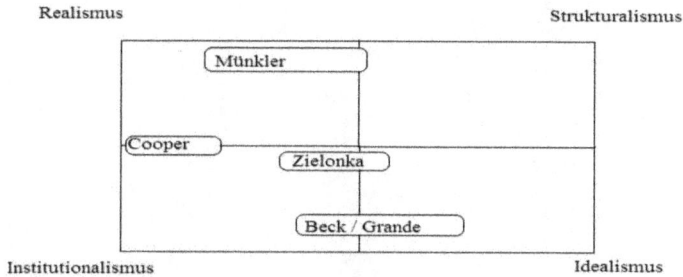

Realismus   Strukturalismus

```
        ┌──────────────────────────────────────────┐
        │   ( Münkler )                              │
        │                                            │
        │                                            │
        │( Cooper )                                  │
        │            ( Zielonka )                    │
        │                                            │
        │        ( Beck / Grande )                   │
        └──────────────────────────────────────────┘
```

Institutionalismus   Idealismus

Quelle: eigene Darstellung

Tabelle 3. Koalitionen und Sperrminoritäten im Rat nach Nizza und Lissabon

Übersicht 5: Koalitionen für qualifizierte Mehrheiten und Sperrminoritäten (EU 27)

	Anzahl der Staaten	Bevölkerungsquote EU-27	Gewogene Stimmen	Gestaltende Mehrheit		SperrMinorität	
				Nizza	Lissabon	Nizza	Lissabon
EU-6	6	46,77%	116	Nein	Nein	Ja	Ja
EU-9	9	61,06%	159	Nein	Nein	Ja	Ja
EU-12	12	74,5%	210	Nein	Nein	Ja	Ja
EU-15	15	79,1%	237	Nein	Ja	Ja	Ja
NATO-Staaten	21	94,3%	304	Ja	Ja	Ja	Ja
3 größte MS	3	41,57%	87	Nein	Nein	Ja/Nein[1]	Nein
14 größte MS	14	90,49%	267	Ja	Nein	Ja	Ja
23 kleinste MS	23	46,51%	229	Nein	Nein	Ja	Ja
EURO-Gruppe	15	64,6%	262	Nein	Nein	Ja	Ja
Mittelmeerraum	7	38,01%	116	Nein	Nein	Ja	Ja
Ostseeanrainer	8	30,02%	95	Nein	Nein	Ja	Nein
Beitrittsländer 2004/07	12	20,9%	108	Nein	Nein	Ja	Nein
Alte Nettozahler[2]	11	64,8%	179	Nein	Nein	Ja	Ja

[1] abhängig von einem Antrag auf Überprüfung des Anteils der Gesamtbevölkerung.
[2] Stand 2005/EU-25, Quelle: Eurostat 2006.

Quelle: Eigene Zusammenstellung nach Berechnungen von Niklas Helwig 2007. Bevölkerungszahlen: Eurostat-Schätzung für 01.01.08.

Quelle: Hofmann / Wessels 2008:18

Tabelle 4. Normalisierter Banzhaf-Index für die EU25

Country	Population in Million	Nice	Draft Constitution 50/60	55/65	Square Root
Germany	82,54	8,56	13,36	12,48	10,36
France	59,63	8,56	9,52	9,05	8,81
UK	59,09	8,56	9,48	9,01	8,77
Italy	57,07	8,56	9,21	8,75	8,62
Spain	40,68	8,12	6,95	6,46	7,27
Poland	38,21	8,12	6,75	6,09	7,05
Netherlands	16,19	4,23	3,63	3,74	4,59
Greece	11,02	3,91	2,97	3,13	3,79
Portugal	10,41	3,91	2,90	3,06	3,68
Belgium	10,36	3,91	2,90	3,06	3,67
Czech Rep	10,20	3,91	2,87	3,03	3,64
Hungary	10,15	3,91	2,86	3,02	3,63
Sweden	8,94	3,27	2,71	2,87	3,41
Austria	8,06	3,27	2,61	2,78	3,24
Denmark	5,38	2,31	2,27	2,45	2,65
Slovakia	5,38	2,31	2,27	2,45	2,65
Finland	5,21	2,31	2,24	2,43	2,60
Ireland	3,96	2,31	2,09	2,28	2,27
Lithuania	3,46	2,31	2,02	2,22	2,12
Latvia	2,33	1,33	1,87	2,08	1,74
Slovenia	2,00	1,33	1,83	2,04	1,61
Estonia	1,36	1,33	1,75	1,97	1,33
Cyprus	0,80	1,33	1,66	1,88	1,02
Luxembourg	0,45	1,33	1,64	1,86	0,76
Malta	0,40	0,99	1,63	1,85	0,72

Quelle: Kirsch 2004: 3

Tabelle 5. NBI der EU27 nach der QMR von Nizza, Lissabon und der Quadratwurzelregel

	Bev.	Nizza	Ref.v.	QW		Bev.	Nizza	Ref.v.	QW
DE	82,5	7,78	11,87	9,54	AT	8,1	3,09	2,52	2,98
FR	59,6	7,78	8,73	8,11	BG	7,9	3,09	2,50	2,94
GB	59,3	7,78	8,69	8,09	DK	5,4	2,18	2,19	2,44
IT	57,3	7,78	8,44	7,95	SK	5,4	2,18	2,19	2,44
ES	41,6	7,42	6,38	6,77	FI	5,2	2,18	2,17	2,40
PL	38,2	7,42	5,89	6,49	IE	4,0	2,18	2,02	2,09
RO	21,8	4,26	4,22	4,90	LT	3,5	2,18	1,96	1,95
NL	16,2	3,97	3,51	4,23	LV	2,3	1,25	1,81	1,60
GR	11,0	3,68	2,87	3,49	SI	2,0	1,25	1,78	1,48
PT	10,4	3,68	2,80	3,39	EE	1,4	1,25	1,70	1,22
BE	10,4	3,68	2,80	3,38	CY	0,7	1,25	1,62	0,89
CZ	10,2	3,68	2,78	3,36	LU	0,5	1,25	1,59	0,70
HU	10,1	3,68	2,76	3,34	MT	0,4	0,94	1,58	0,66
SE	8,9	3,09	2,62	3,14		484,3	100	100	100

Quelle: Kirsch 2008: 96

Schaubild 2. Abweichung des NBI der doppelten Mehrheit
zum Quadratwurzelmodell

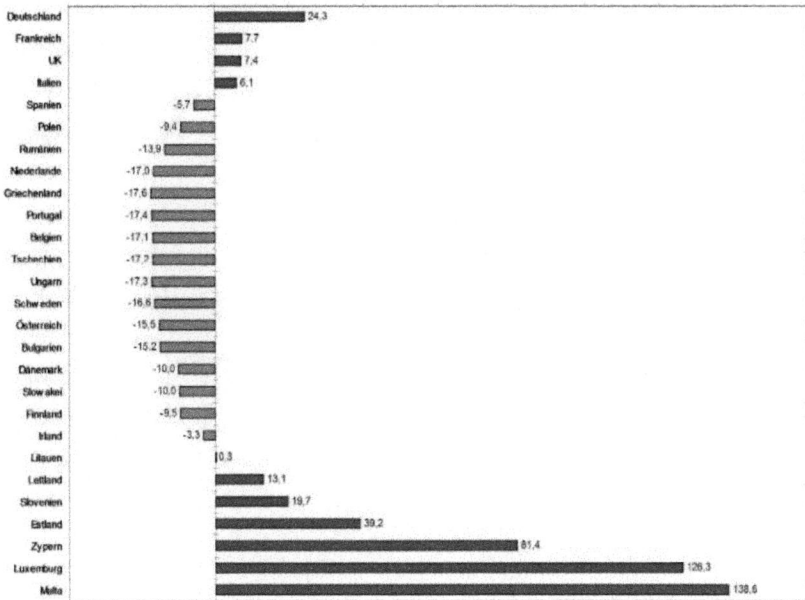

Quelle: Kirsch 2008: 99

Schaubild 3. Inflationsrate im Euroraum

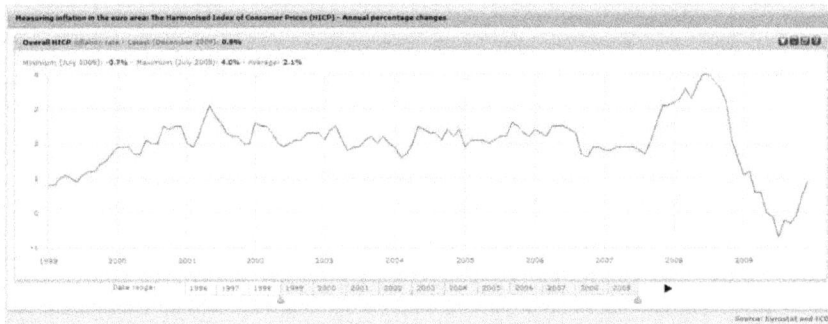

Quelle:
http://www.ecb.de/stats/prices/hicp/html/inflation.en.html
letzter Zugriff: 20.01.2010.

Schaubild 4. Wechselkurs Euro / Dollar

Quelle:
http://www.ecb.de/stats/exchange/eurofxref/html/eurofxref-graph-usd.en.html
Letzter Zugriff: 20.01.2010.

134

Abkürzungen

AEGV: Vertrag über die Arbeitsweise der Europäischen Union (nach Lissabon)

EGV: Vertrag über die Europäischen Gemeinschaften (nach Nizza)

ENP: Europäische Nachbarschaftspolitik

EP: Europäisches Parlament

ESVP: Europäische Sicherheits- und Verteidigungspolitik

EU: Europäische Union

EU-6: Deutschland, Frankreich, Italien, Niederlande, Belgien, Luxemburg

EU-15: Mitgliedsländer der EU vor der Osterweiterung

EU-27: Alle EU Mitgliedsländer zum Stand 01.01.2010

EUV: Vertrag über die Europäische Union (nach Nizza)

EUV-L: Vertrag über die Europäische Union (nach Lissabon)

EWG: Europäische Wirtschaftsgemeinschaft

GASP: Gemeinsame Außen- und Sicherheitspolitik der EU

QMR: qualifizierte Mehrheitsregel: Abstimmungsverfahren im Ministerrat

SWP: Stabilitäts- und Wachstumspakt

WWU: Wirtschafts- und Währungsunion

www.ingramcontent.com/pod-product-compliance
Lightning Source LLC
Chambersburg PA
CBHW022325280326
41932CB00010B/1231